山の家のスローバラード

佐藤誠二朗

東京⇕山中湖　行ったり来たりのデュアルライフ

百年舎

はじめに

我が家のデュアルライフ＝二拠点生活は、ゆるゆるっとはじまりました。

言い出しっぺである妻に引っ張られるような形で、二〇一六年の夏頃からなんとなく家探しをはじめ、秋には山梨県・山中湖村で今の家に出逢いました。古い中古家屋だったので多少のリノベーションを施し、〝山の家〟が使えるようになったのは二〇一七年春のことでした。

東京で生まれ育った僕と妻、そして娘にとっても初めての田舎暮らしだったので、その後の数年間は発見と驚き、喜びの連続でした。ただしそれはありふれた一家の小さな体験と出来事にすぎなかったし、山の家はあくまで第二拠点で、生活の中心は東京・世田谷区の家であることに変わりはなかったので、〝山の家〟暮らしについて、どこかで文章を発表しようとは思っていませんでした。

ところが二〇二〇年、あの忌まわしきコロナ禍がはじまり、状況が少し変わります。特に緊急事態宣言が幾度も出された最初の年、我が家はこれまでになく山中湖村の家に長期滞在するようになりました。

その頃は世の多くの人も巣ごもり生活を余儀なくされたことにより、これからの住まいや働き方について見直すようになっていたのではないかと思います。
あちらこちらから、デュアルライフ実践者として、リアルな声を聞かせてほしいという要望をいただくようになりました。

こうして僕はデュアルライフについてのコラムを、ウェブメディア上で連載するようになったのでした。

本書を手にしてくださった皆様には、どうぞゆっくりと、とある平凡な一家のありのままなデュアルライフ物語を楽しんでいただけたらと思います。

終わりなき日常の中から、わずか二年弱の日々を切り取って綴った本ですので、もしかしたら参考にならないことばかりなのかもしれません。

でもこれからデュアルアイフをしたいと考えている人、またすでに実践している人にとって、少しくらいは有益な情報が含まれていたらいいなと願っているのです。

目次

01 東京で生まれ東京に骨を埋めると思っていた僕が、デュアルライフを選んだ理由 010
02 都会育ちが田舎暮らしを選ぶとき、「寂しさ」をいかに処理するかが肝 017
03 金持ちでもないのにどうしてデュアルライフができるの？ その疑問に答えます 025
04 デジタル武装していれば、デュアルライフでも仕事は身軽に楽々と！ 032
05 デュアルライフはヨコシマな妄想を抱く不倫オヤジの隠れ蓑になるか？ 039
06 厳寒期の湖でふと思い出す、伝説のジャズフェスティバルと永井美奈子のこと 045
07 デュアルライフ民って地元から歓迎されてるの？ ゴミは出せる？ 下水がないって本当？ 疑問に答えます 051

08 今日はハードオフ、明日はカインズホーム。山の家暮らしでも買い物はやめられないのだ！ 058

09 山の家でたった一人過ごす夜。Netflixでつい『シャイニング』を観ちゃう現象 065

10 「富士山のふもとに住んで、噴火とか怖くないの？」と聞かれたら答えます。「お前もな」 072

11 野生のシカが爆発的に増えたから？ やたら目につく自生スイセンの謎 080

12 フィルムカメラ最高！ クラシックカメラ最高!! デュアルライフと相性がいい趣味の話 086

13 今どきデュアルライフを彩る優れもの。ハンモック、ホットサンドメーカー、オイルランタン 094

14 どうしても欲しい山のお宝、〝シカの角〟ってどこを探せば見つかるの？ 100

15 シカの角を探しに入った山の中で、発見した超・意外なモノとは 107
16 誰でも立ち入り可能な陸上自衛隊実弾演習場を、100倍楽しむ方法 114
17 10センチ超の巨大なクモも出現。山の家では避けられない虫の話 122
18 夏の大冒険！カヤックは湖上で楽しむ最強のウォーターアクティビティ 137
19 ゾンビ化する大木と殺人キノコ。富士のふもとで静かに広がる異常事態とは 144
20 〝昭和レトロ〟をディープに味わうなら、ちょっと古い別荘用住宅が最高 151
21 キャンプにトラウマのあるおじさんが、最新アイテムでリハビリ庭キャンプ 157

22 レアな御朱印帳で、女子もすなる御朱印集めをはじめたら意外な展開に 165
23 〝富士山噴火〟が、本当に起こったらどうなるの!? 173
24 山の中の一軒家で、トイレが凍結して流れなかったらどうしますか？ 181
25 霊力を持つ伝説の植物ヤドリギでクリスマススワッグ作ったよ 189
26 富士のふもとの昭和レトロ街で、ノスタルジックが止まらなくなった話 196
27 年間四十万円超の移動代は高い？ 安い？ デュアルライフとお金、本当の話 204
28 爽やかな避暑地は凍てつく寒冷地。デュアルライフに向いている性格とは？ 212

29 都会では犬のオシッコ禁止に？ 愛犬家よ、デュアルライフがおすすめです 219
30 脱サラしてフリーとなり十数年。改めて考える、仕事とデュアルライフ 225
31 デュアルライフのゴールデンウィーク ～楽器と〝ゆる登山〟とワークマン～ 233
32 虫に刺されやすい体質の僕が、山の家暮らしで見つけた最強の撃退法 241
33 隣家との境がない山の家では必須。ドッグランをＤＩＹで作りました 248
34 デュアルライフ派の〝山の家〟内部は、こんな感じで 254
おわりに 262

山の家のスローバラード

東京⇕山中湖　行ったり来たりのデュアルライフ

佐藤誠二朗

百年舎

01 東京で生まれ東京に骨を埋めると思っていた僕が、デュアルライフを選んだ理由

東京出身者でありながら、〝シティボーイ〟とは言い切りにくい微妙な立ち位置

僕は東京で生まれ、東京で育ち、東京で働いてきました。

正確に言うと小学校低学年の頃、父の転勤に伴って三年ちょっとを愛知県で過ごしたことと、結婚したあと二年弱、東京から一駅離れただけで家賃がぐっと下がるので、神奈川県に住んだことはありましたが、それ以外はすべて東京在住。出版業、それも東京にいてナンボという価値観のファッション雑誌の編集者であったことも、僕をずっと東京に根付かせた要因です。

なんてことを人に話すと、たまに「シティボーイなんですね」と言われます。仕事柄そう思ってもらった方が得なこともあるので、敢えて否定はしませんでした。でも自分の中で、〝都会派〟や〝シティボーイ〟というレッテルには、いささか違和感を抱かざるをえません（まず「ボーイ」という歳ではあ

りません）。どちらかといえば、むしろカントリーボーイ（しつこいがそもそも「ボーイ」じゃない）ではないかと思っているのです。

生まれたのは東京といっても多摩地区の国分寺市。淡い記憶しかありませんが、家の隣は果物や花を栽培する農家で、いつも畑の脇や雑木林の中で遊んでいました。

愛知県で住んでいたのは公団の団地。岐阜との県境にある街でしたので小高い山が間際まで迫り、小学校の校庭の上ではトンビがくるりと輪を描いていました。

小学四年生から母の出身地である東京都東久留米市に住み、結婚まで過ごしました。周囲は畑だらけで、学校の近くには牛を飼っている小さな牧場までありました。庭にはヘビが棲んでいたし、家の前の道路をタヌキがうろついているところを目撃したこともあります。

進学した高校は、多摩地区の広大な森の中。併設された大学の奥の森には、怪しげな植物の自生地があるという噂でした。ウソかマコトか、夜な夜な学生たちによる陽気な宴の声が聞こえてきたとかこなかったとか。

大学は早稲田でしたが、本部キャンパスの連中からは「所沢体育大学」と呼ばれる所沢キャンパス。東京・多摩地区の田舎からさらにトトロの住む山を目指し、茶畑や湖を越えて自動車通学する日々だったのです。

ちなみに妻も僕と同じく東京生まれ東京育ちですが、彼女の生家は渋谷のど真ん中で、僕よりずっと都会派です。たまに僕が東京出身である側面をアピールすると、「東久留米の人にそんなこと言われてもね」と馬鹿にします。

そんなときは「三多摩地区ナメんなよ」と軽く凄んで見せるのですが、心の片隅にかようなマイルドヤンキー気質が潜んでいるのもまた、サバーバン育ちの特徴なのかもしれません。

思いたってマンションを売却、東京では一生賃貸住宅暮らし宣言！

そんな、似非シティボーイな僕。実は少し前から田舎に家を持ち、二つの地域に拠点を持つ生活、いわゆるデュアルライフを送っています。そうは言っても〝山の家〟で過ごすのは月に一～二度の週末と、ゴールデンウィークや夏休み、年末年始などの長い休みに限られていますが、これからはより田舎暮らしの比重が高まる予感がしています。人からもデュアルライフについて聞かれる機会が多くなり、需要が増えているという実感もあります。

そこでデュアルライフのリアルをお伝えしていこうと思いたち、書き上げたのが本書というわけです。

まずは、デュアルライフを決めた経緯について書きましょう。

我が家の構成は、夫婦に娘一人の三人家族。僕は40歳のときに会社勤めからドロップアウトしたフリーランス、……といえばなんだかかっこ良さげですが、要するに野良の編集者兼ライターです。夫婦ともども資産家の出身でもなければ、エリートビジネスマンでもないので、裕福とはとても言えない経済状況の家庭です。

かつて、デュアルライフといえば大企業の役員クラスといった富裕層による優雅な別荘暮らしというイメージがありました。最近ではそうした考え方も薄まり、平均的な世帯年収層もデュアルライフを楽しむ傾向にあるといいますが、我が家もまさにそれ。家計に余裕があるわけでもないのに、普段暮らしている東京の家とは別に、もう一軒の家を構えたわけです。

なぜ、そんなことになったかというと……。

「人生、だいたい何とかなるでしょ」という大雑把な思想を持つ僕ですが、会社勤めを辞めたときは、さすがに将来に対する漠然とした不安が頭を覆いました。わずかながら蓄えはあったし妻も仕事をしていたので、すぐに家計が逼迫することはないと思いましたが、実は当時の妻は育休中。僕も、ファッション誌という若さがモノを言う分野を主戦場に仕事をしてきたうえでの独立でしたので、この先どうなるかは正直、予想がつかなかったのです。

そこで僕は、退職の決意をするのと同時に、当時、東京の文京区に購入して住んでいたマンションを売却しました。住宅ローンといえば聞こえはいいですが、要するに大きな借金。経済的に不安定になるこれからは、まったく借金のないきれいな身になろうとまず考えたのです。

子供はそのうち成長して独立します。それに自分はフリーランスだから、どこにいても仕事ができます。ならば、その時々の状況に合わせ、住む場所を考えた方がいいと思ったので「我が家はこれから、ずっと借家です！」と宣言して、実行したのです。

「今を楽しもうぜ。イェーイ！」的なノリで購入してしまった山中湖の家

ところが脱サラ六年目のとき、そうした〝借家主義〟とは別の文脈により山の家を買うことにしたのは、主に妻の希望によるものでした。妻は制約のある借家でもマンションでもなく持ち家の一軒家で、自由にインテリアやガーデニングを楽しみつつ、子供や犬を思い切り遊ばせたいという望みを募らせていました。成長しつつある子供に、豊かな自然の中の暮らしや遊びも経験させたいという気持ちが膨らんでいた似非シティボーイ＝準カントリーボーイの僕も、あっさり賛同しました。

妻はその頃、会社に復帰して順調に仕事をしていましたし、僕の仕事も決して安定的とはいえな

いまでも、この先も当分は何とかなる程度の収入は確保できていました。「いいんじゃないの。日本人は将来への不安が強すぎ。今を楽しもうぜ。イェーイ」と軽いノリでＯＫする僕に、妻は「さすが、大雑把な人」と、感心したそうです。

買ったのは山梨県南都留郡山中湖村の一軒家。山中湖畔から徒歩十分ほどの、緩やかな山の斜面にある中古家屋です。敷地は三百坪弱、建坪五十坪の二階建て。東京人の感覚ではかなり広い家のように思えますが、価格は東京の相場と比べると驚くほど安く、具体的にいうと一千万円台の半ばでした。

僕はこの山中湖の家で、普通の田舎暮らしとはひと味違う楽しみ方をしたいと考えました。根っからのサブカル好きである自分の趣味嗜好を、そう簡単に変えることはできません。突然、薪割りしたり炭焼きをしたり、山菜採りをしたりピザ窯を作ったりバードウォッチングをしたりしたいがために、山の家を購入したわけではないのです。

過密な東京の家では、やりたくてもなかなかできないことがあります。たとえば、音楽をそこそこの音量で聴いたり、楽器の演奏をしたり、ためにためてしまった漫画や本を持ち込んで整理し、はじから読み返したり……。

そこに少しずつ、田舎ならではの新たな楽しみをプラスしていけたらいいなと思っていたのです。

これが我が〝山の家〟

そんな僕の山の家での暮らしぶりについて、
詳しく書いていきたいと思っています。

02 都会育ちが田舎暮らしを選ぶとき、「寂しさ」をいかに処理するかが肝

デュアルライフを選択したのは、収拾がつかなくなった荷物も理由のひとつ

『となりのトトロ』は紛うかたなき名作で、僕もジブリの中では一番好きな映画です。でも、とても引っかかる描写があります。冒頭、サツキとメイとおとうさんは家財道具一式を積んだオート三輪に乗って田舎道を進み、引っ越し先の家へと向かいます。省略されているだけなのかもしれませんが、一家の荷物が映るシーンはそれだけ。あまりに少なすぎるとは思いませんか？　草壁家のおとうさん、草壁タツオは大学で教鞭もとる学者です。学者先生の引っ越しが、小さなオート三輪一台で済むわけがありません。メイがトトロと出会う日。おとうさんが部屋で仕事をしているシーンを見ると、書斎の壁は本で埋め尽くされています。こんなに大量な書物の移動には、大変な労力と積載能力の高いトラックが必要なはずなのです。

我が家も同じです。結婚後、二回引っ越しをしましたが、そのたび大騒動になりました。一番問題となるのはいつも僕が溜め込んでいる本で、前回は確か段ボール百箱以上になりました。本をぎっしり詰めた段ボール箱はとても重く、引っ越し屋泣かせです。業者さんは大編成でやってきて、汗だくになりながら段ボールの積み込みをしてくれるので、とても頭が下がります。

僕は大学を卒業して出版社に就職するとき、ひとつの誓いを立てました。自分でお金を稼ぐこれからは、欲しいと思った本を躊躇なく買うこと。その誓いを頑なに守り、この30年間弱、どんどんどんどん買いました。最近は電子書籍を選ぶことも多くなり、増殖ペースはひと頃と比べればだいぶ穏やかになりましたが、やはり実体のある紙の本を手にしたいという願望を断つことはできず、いまだじわじわと増えています。しかも、一度入手したものはよほどのことがないと手放さない悪癖のため、本当に床が抜けないかと心配になるほど、我が家には本がいっぱいあるのです。

デュアルライフ計画を実行に移したのは、このどうにも収拾がつかない本の置き場になるかもしれないと思ったことも大きな理由です。実際には様々な制約や家族の抵抗もあり、現状のところ山の家に持ち込めているのは、全体のごく一部。でもいつかは庭に小屋でも建て、自分だけの書庫を作ろうと計画しています。

その話はまたいつかするとして、今回の本題は、なぜ我が家が山中湖のような観光地をデュアルライフの場として選んだのかという話です。

東京出身者が自然や闇に対して感じる畏れのようなもの

『湖上』と題された中原中也の詩があります。とっくの昔に著作権が切れているポエムなので、全文を掲載しましょう。

ポッカリ月が出ましたら、
舟を浮べて出掛けませう。
波はヒタヒタ打つでせう、
風も少しはあるでせう。

沖に出たらば暗いでせう、
櫂《かい》から滴垂《したた》る水の音は
昵懇《ちか》しいものに聞こえませう、

——あなたの言葉の杜切《とぎ》れ間を。

月は聴き耳立てるでせう、
すこしは降りても来るでせう、
われら接唇《くちづけ》する時に
月は頭上にあるでせう。

あなたはなほも、語るでせう、
よしないことや拗言《すねごと》や、
洩らさず私は聴くでせう、
——けれど漕ぐ手はやめないで。

ポッカリ月が出ましたら、
舟を浮べて出掛けませう、
波はヒタヒタ打つでせう、

風も少しはあるでせう。

ああ、なんて素敵なんでせう！　こんなロマンチックな純愛は遥かな過去に置いてきたおっさんでも、まこと心に響くものがあります。

しかし同時に、真夜中の湖に二人きりで小舟を漕ぎ出すなんて、さぞ心細いだろうなと思わざるを得ません。湖上の小舟遊びは、とても楽しいものです。せっかく湖の近くに家を持っているのだから、僕も近いうちに手頃なカヤックかSUPを買おうと考えています。

でも自家用カヤックやSUPを入手したとしても、ポッカリ月が出る深夜に湖の沖へ出ることはないと思います。妻であれ娘であれ犬であれ他の誰かであれ、たとえ道連れがいたとしても。真っ暗で静寂に包まれた湖上は、たまらなく怖いはずなのです。

湖の沖にレンタルボートで漕ぎ出すと、明るい昼間でさえも、なんとも言えない畏れを感じることがあります。山に囲まれた湖の水底をじっと覗きこむと、土地に長く封じられている魔力のようなものを感じ、背筋がゾクッとするのです。

十一月が過ぎて十二月になると行楽客の姿も減り、山中湖村はシンと静かな空気に包まれます。最近ではこの静けさも良きものと感じられるようになりましたが、最初の頃は、合宿の学生でにぎやかな夏が終わり、紅葉目当ての行楽客が押し寄せる秋が過ぎて初冬を迎える頃になると、強い寂寥感を覚えることもありました。

我が山の家の隣には、優しいトトロ夫妻が住んでいる

なかなか話が進みません。我が家が山中湖の家を選んだ理由をお話ししなければ。

二〇一六年の秋から〝山の家〟探しをスタートしましたが、富士五湖周辺に絞り込んだのは、割と早い段階でした。第一条件を、「東名高速を使い、東京から二時間以内で行ける山の中（オプション：富士山が見えるところ）」としたからです。基本的な生活拠点を東京に置いている我が家が山の家に行けるのは、週末あるいは連休などのハイシーズン。行き帰りのどこかで、多かれ少なかれ渋滞に巻き込まれることを想定しなければなりません。我慢できるのは、そのくらいの距離にある場所だと考えたのです。あまり遠いところでは、渋滞のことを考えるとやがて行くのが億劫になり、せっかく買った山の家から足が遠のくことも考えられます。

そして富士五湖で家探しを進めるうち、都会育ちの我が家の民は、基本的に少し人気《ひとけ》のあるところでなければ暮らせないことがわかってきました。深い山の中のポツンと一軒家や、オフシーズン

には人がいなくなる管理別荘地は寂しく、少し怖い感じがしたのです。

十軒ほど候補を見て回ったのちに決めたのは、山中湖の管理別荘地からは少し外れ、定住組と別荘組が半々くらいの地区にある家でした。我が家の右隣は空き地ですが、左隣には富士山を中心に撮っている写真家ご夫妻が定住していて、常時、写真ギャラリーを開いています。斜向かいは定年後に定住した東京出身のご夫婦。お向かいと通りの奥には一棟貸しのペンションがあり、すぐ裏手はレストラン併設の手作りソーセージ屋さんです。

山の中の家といっても、常に人の気配が感じられる場所にその家は建っています。それが、一番の決め手となったといってもいいでしょう。

東京とは違ってそれぞれの家の敷地は広いので適度な距離感を保ちながら、いざとなったらすぐに誰かの顔を見ることができます。犬を庭に放すと大喜びで駆け回り、勢い余ってなのか匂いにつられるのか、柵をくぐり抜けて裏のソーセージ屋さんの敷地に飛び込むこともたびたびですが、「ワンちゃん来てますよ～」と笑って許してくれます。

お隣りの写真家ご夫妻も、いつもとても親切にしてくれます。我が家が不在のときは、採った山菜や手作りケーキなどを玄関先に置いていってくれますが、添えられている「となりのゆう子より」というメモを見ると、「やった、トトロ来た！」と思います。

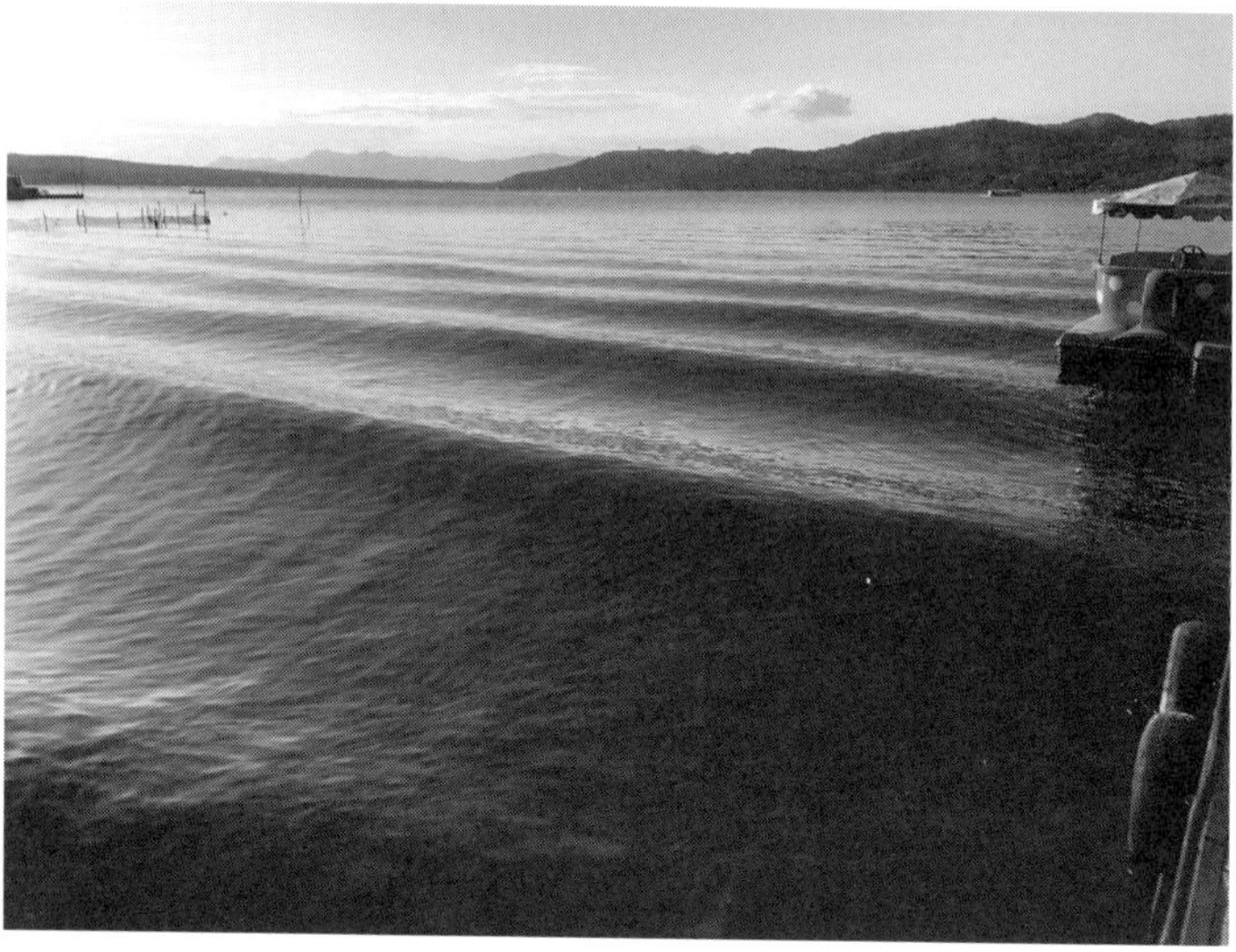
自然は美しいが、ときに畏れも感じる

東京出身者にとっては、田舎暮らしといえどもこういう人の気配こそが、心の安定を生み出す大事な要素なのではないかと思うのです。

03 金持ちでもないのにどうしてデュアルライフができるの？その疑問に答えます

ある日の早朝散歩で拝んだ富士山は、赤く輝いていた

十一月下旬某日。

長きにわたるフリーランス稼業のため軽い睡眠障害気味で、就寝時間も起床時間もめちゃくちゃな僕は、用もないのに午前六時に目覚めてしまいました。寝ぼけ眼でフガフガ言っている犬に、「すまないねえ」と言いながらリードをつけ、早朝散歩に付き合わせます。空は晴れ渡り、気持ちのいい朝でした。

村全体が標高１０００メートル前後の位置にある山中湖村は、北海道と同じくらいの寒冷地。十一月にもなると朝は地面に霜が降り、空気はパキパキに冷え込んでいます。我が家の前からも富士山は見えますが、隣家や立木に邪魔されて完全な姿を拝むことはできません。そこで犬の散歩のときにはいつも、二〜三分歩いた先にある眺めのいい場所を目指します。

六時半、ちょうど日の出の時間です。いつもの角を曲がった僕は、「おぉ」と立ち止まりました。坂の上から見えた富士山が、赤く染まっていたのです。

「なるほど、これが噂に聞く〝赤富士〟か」と思いました。

赤富士とは。本来であれば青みがかって見える富士山の山肌が、早朝の太陽の光を受けて暗褐色に染まって見える現象。江戸時代には浮世絵の題材として取り上げられることも多く、葛飾北斎の『富嶽三十六景』の中にも、傑作とされる有名な一図があります。なんてことを家に帰ってウィキペディアで調べていたら、赤富士が観測できるのは〝夏の朝〟とあります。

今は断じて夏ではありません。では、あれは〝赤富士〟じゃないの？ もしや、珍しいものを見てしまった⁉ と興奮しつつさらに詳しく調べてみたら、赤い富士山は冬の朝にも見えることがわかりました。それは夏の〝赤富士〟とは違い、〝紅富士〟と呼ばれるそうです。

紅富士とは……。雪化粧をした白い富士山の表面を、朝日がフラミンゴレッドに染める現象。今年は雪が少ないので、ややレアなすっぴん紅富士が見られたのです。

赤富士と紅富士の違いなんて、全然知りませんでした。そしてもし富士山の近くに住まなかったら、どちらも一生見ることはなかったでしょう。思いがけず、こんなちょっとしたスペクタクルを目の当たりにし、新たな雑学を身につけられるのも、デュアルライフの醍醐味のひとつなのかもしれません。

山の家でコーヒーを飲みレコードを聴く〝大人な自分〟に自分でツッコミ！

家に戻って赤富士および紅富士について一通り調べ終わっても、家族はまだ起きてきません。犬も暖かいベッドに戻ってしまいました。やっぱりまだ眠かったのね。すまんすまん。そこで僕はコーヒーをいれ、レコードをプレーヤーに置き静かな音で流します。

今朝の一枚はマイケル・フランクスの『THE ART OF TEA』。一九七六年にリリースされた、ジャズ系AORの名盤です。

そして、熱いブラックコーヒーを飲みながら朝もやが流れる窓外の景色に目をやります。そんなことをしていたら、なんだか急にお尻のあたりがむずがゆくなってきました。（俺って、すげえ大人じゃん！　しかもティピカルすぎるほどの！）

もう五十一歳なのですから大人であって然るべきなのですが、普段の僕はもっとワチャワチャしています。これは現代人の多くが抱いている感覚かもしれませんが、かつて自分が思い描いていた五十代とはまったく違う、〝子供オトナ〟が僕のリアルな姿なのです。

でもなぜか山の家で過ごしている間は、自分でも驚くほどの、落ち着いた大人な自分が顔を出すことがあります。恐らく、東京での暮らしを基本としている僕の場合、山中湖にくるタイミングは仕事でもプライベートでも急務事案のない、のんびりモードのときだからなのだと思います。

実はコーヒーを飲むようになったのもデュアルライフをはじめてからです。酒は体質に合わないのでいまだに飲みませんが、コーヒーもずっと避けてきました。おいしいと思ったことがなかったからです。若い頃に仕事先で出されるコーヒーがまずくて仕方なく、せっかくいれてもらったのだからと無理に飲んだ挙句に気持ち悪くなったことがトラウマになっていたのです。

ところが山の家に来るようになって、ゆっくりと豆から挽いていれたコーヒーを飲んでみたら開眼し、アラフィフになってからようやくコーヒーに凝りはじめたというわけです。

レコードについても同じ。東京ではレコードどころかCDも回さなくなり、音楽はストリーミングばかりになっていたのですが、余裕ある山の家の生活では、なぜかレコードを聴きたくなります。若い頃にせっせと集めた、めちゃめちゃうるさいパンク系もいいのですが、最近はメロウなAORやソウル、ジャズなんかもよく聴きます。

決してお金持ちではない我が家の、デュアルライフの仕組みとは

「デュアルライフをしている」と人に言えば、相手はお金の話を聞きたがります。でも犬の散歩もコーヒーも、レコード鑑賞もそうですが、僕が心のヨロコビを感じることの多くは、たいしてお金がかかりません。都会で過ごそうが田舎で過ごそうが、自分が自分である限り、かかるお金は変わらないものです。

などとはぐらかそうとすると相手は（違うよ、家が二軒あれば購入費も光熱費も二倍だろ？　そこが聞きたい！）という顔をします。この際、面倒くさいのではっきりしときましょう。

我が家がデュアルライフをできるのは単純な話、会社員である妻もしっかり働いているから。ダブルインカムで、夫婦それぞれに財布を握っているからなのです。

僕は会社勤めを辞めてフリーランスになるとき、ローンを背負い続けることに不安を感じてマンションを売却し、賃貸暮らし宣言をしたことは前に書きました。でも現在、東京の世田谷区で借りている一軒家の月々の家賃は、かつてのマンションのローンとほぼ同額の20万円台前半です。また、僕が自宅の一室を仕事部屋にして日がな一日家で過ごしていることもあり、光熱費は以前よりもかさみます。

赤く輝く富士山

これらの東京生活にかかる費用は、すべて僕が負担しています。余裕はありません。つまり僕一人の力では、家をもう一軒入手・維持することなどできないのです。

山中湖の家のローンと光熱費は、すべて妻が払っています。これが我が家のデュアルライフ成立の仕組み（と言うほど大層なものではありませんが）です。

恐らく、東京の家が賃貸でなければ、我が家がデュアルライフを選ぶことはなかったでしょう。夫婦それぞれで住宅ローンを抱えるほどの甲斐性も勇気もないからです。相当の出費となっている今の形の東京賃貸暮らしを、永遠に続けるつもりはありません。いずれ子供が独立したら、規模をぐっと縮小するでしょう。その時の状況によっては、東京暮らしそのものをやめるかもしれません。そうなったら、山の家のローン返済に僕も加わるつもりです。

そのへんの将来に対する柔軟性もあり、現在のデュアルライフが成り立っているわけです。生々しい話はこの辺で終わりにしましょう。今日も森の奥から、鹿の鳴く声が聞こえてきます。

04 デジタル武装していれば、デュアルライフでも仕事は身軽に楽々と！

憧れのノマドワークを卒業し、自宅の自室にこもって原稿書きする毎日

雑誌編集者として勤めていた出版社を四十歳のときに辞めた僕は、フリーランスの編集者兼ライターです。現在は、編集仕事は二〜三割で原稿執筆の仕事の方が多くなっています。

これは独立したときに立てた計画どおり。本当は五十代になる頃には物書き一本に絞るのが理想だったのですが、これまでの付き合いや生計上の都合もあり、依頼さえあれば編集仕事もありがたく受けている状態です。

上手い下手はさておき子供の頃から作文が好きだった僕にとって、原稿書きは仕事のようで仕事ではない感覚。好きなことをやっているだけなのにお金までいただいて、お天道様に申し訳ないと思うことさえあります。と言ってもたいして稼げているわけではないので、もっとドシドシお仕事

ください（ギャラも弾んでください）。なんて、矛盾している上に誰に向けたメッセージかわからないことを言っても仕方ありませんね。

パソコンひとつあればいつどこでもできるわけですから、ライターは気楽な稼業ときたものです。だから原稿仕事の割合が増えてきた頃、僕は憧れのノマドワーカーを目指しました。小学生の娘と会社員の妻を家から送り出したあと、愛機のMacBookを携えて近くのカフェに向かうのです。

自宅のある東京・世田谷区の田園都市線沿線にはノマドワーカー向きの洒落たカフェがたくさんあり、そこには水場を求める野生動物のごとく、界隈に数多く棲息する僕のような一見、職業不詳の怪人が集まってきます。

でも、僕のノマド生活は長続きしませんでした。人の出入りが多く、常にざわついているカフェでは集中できず、一向に筆が進まないのです。かといって、席数が少なく静かな隠れ家的カフェではスタッフの視線が気になり、すぐに居心地が悪くなってきます。ノマドワークは長くても二時間が限界。結局、昼前にはすごすご自宅に戻ります。

やがてアホらしくなってきて、ノマドワークは卒業しました。今の僕は、妻と娘を送り出したらすぐに二階の自室にこもります。集中しやすいアンビエントミュージックを小さな音でかけ、好きなお香を焚き、快適なリクライニングチェアに座り、かわいい犬に時々ちょっかいを出して和みながら仕事を進めます。結局、自宅が最高のお仕事空間なのです。

ほとんどすべてをクラウド管理しているので、山の家に仕事道具は持っていかない

山中湖に行くとき、僕は基本的に仕事道具を何も持っていきません。山の家には、メイン機としての役目を終えた旧型のMacBookが一台置いてあります。現在のメイン機である東京の自宅のMacBookとiCloudで同期しているので、開いて起動すれば、やりかけの作業にすぐ取りかかることができるのです。

僕は仕事の打ち合わせのメモもiPadにApple Pencilで書き込み、PDFで保管するようにしています。やむなく手書きで残したメモもスキャンしてPDFにする習慣だし、その他の資料類も可能な限りデジタルデータにしています。だからやらなければならない仕事があっても、山の家には数冊の資料本以外、持っていく必要がないのです。

机を置いている部屋の窓からは、遠くにキラキラと輝く山中湖の湖面が見え、さらに遠くの方には南アルプスの峰々を望むことができます。静かな山の家は、快適な東京の自室よりもさらに心地よく、仕事が捗ります。

とはいえ基本的に平日は東京で生活しているので、山の家ではあまり仕事をしたことがありませんでした。二回ほど「自主缶詰」と称して、激ヤバ締め切りが迫った仕事をしにきたくらい。でもコロナ・ファーストインパクトで緊急事態宣言が出ていた二〇二〇年の三月から五月にかけて、山中湖の家に初めて長逗留し、すべての仕事をこちらでこなしました。

それはある意味、これからの自分の仕事生活を占う実験となりましたが、結果、東京にいるのと同等以上に、充実した仕事をできることが判明しました。

今の仕事を続ける限り、僕には定年というものがないと思っています。机に向かって原稿を書く仕事は、七十歳になろうが八十歳になろうができます。そもそも趣味の延長のようなものですから、引退したくなるわけもありません。人から依頼されなくなったとしても、今は書いたものを自主的に発表し、いくばくかの収入を得られる仕組みもあるので、本当に終わりはないと思うのです。

山中湖の家が終のすみかになるかどうかはわかりませんが、こういう環境の中で静かに原稿を書くという老後は、まったく悪くないものだと思うようになっています。

山中湖名物のワカサギ釣り。定説のベストシーズンにこだわる必要はない理由

さて話は唐突に変わります。山中湖はワカサギ釣りの名所です。かつては氷の上での穴釣りも楽しめたそうですが、温暖化の影響でしょう、二〇〇六年を最後に湖が全面氷結することはなくなりました。それでも二〇一三年と二〇一四年の一月にはそれぞれ一週間ほど、一部の湖面に立ち入り可能な15センチ以上の氷が張り、穴釣りができたそうです。最近では二〇一八年の二月にかなり期待が高まりましたが、結局あまり氷が厚くならず、穴釣りは解禁されませんでした。

ワカサギ釣りは冬場のイメージが強いものの、実は通年可能です。実際、僕は今年の春や夏にもたくさん釣りました。でも平均寿命が一年と短く、冬から春にかけて産卵期を迎えて一生を終えるワカサギは、季節によって釣れる個体の質がだいぶ変わります。冬になる前のワカサギは成長途中の小さなサイズが多いので、脂が乗った大きな個体が釣れる繁殖期の二月下旬～三月上旬がベストシーズン。

というのが通説ですが、山中湖村に住み、一年を通してワカサギ釣りをした経験からあえて言わせてもらいましょう。ワカサギは大物狙いをする釣りではないので、ベストシーズンにこだわる必要はありません。ビッグサイズが釣れるとテンションは上がりますが、食べ比べてみると、実は小

新鮮なワカサギは最高においしい

さなワカサギの方が美味なのです。

十二月中旬の週末、今年四度目のワカサギ釣りに出撃しました。暖かい季節にはボート釣りが楽しいですが、真冬は〝ドーム船〟と呼ばれる大きな乗り合い船に乗ります。壁と屋根に覆われた屋内環境なのでエアコンが効いて暖かく、椅子に座って釣りをすることができる船です。船内には湖面につながる二〜三列の長い溝が施されていて、そこから釣り糸を垂らします。

釣り道具もエサもあらかじめ各席にセットされているので、何も用意せずに身ひとつで行けばＯＫ。船は魚群探知機を使い、ワカサギの群れがいるポイントまで行ってくれるので、釣れないことはほとんどありません。自分でいろいろ試行錯誤しながら魚をゲットする醍醐味とはほど遠い、甘ちゃんの釣りですが、初心者でも子供でも手軽に楽しめるので、ドーム船によるワカサギ釣りはとても人気があります。我が家も子供連れのお客さんが遊びに来るたびに、ドーム船のワカサギ釣りに誘い、いつもとても楽しんでもらえます。

先日は湖上釣りにはあいにくな無風の天候でしたが、朝七時から十時までの三時間で、僕も小六の娘も大・中・小さまざまなワカサギを40匹以上釣り上げました。釣ったワカサギは家に持ち帰り、天プラにして昼のおかずにします。味付けは塩が定番ですが、我が家のおすすめはカレー味。からっと揚げたワカサギにカレー粉を振って食べると、とてつもなくおいしいのです。子供も大好きなワカサギ天プラカレー味。やはりミニミニサイズの方が人気でした。

05 デュアルライフはヨコシマな妄想を抱く不倫オヤジの隠れ蓑になるか?

いつもどこかで誰かが見ている山の家暮らしを、恐怖と感じるか快適と感じるか

僕の場合、そういうヨコシマな考えは、本当に全然これっぽっちもないのですが、世の中には〝デュアルライフ〟と聞くと、淫靡な妄想を発動させるおっさんが一定数います。家人には「出張」とでも称して都会を離れ、コレ(小指)としっぽりしけ込むムフフな山の家計画です。

いまこれを読んでる、あなたのことですよ! でも、はっきり言わせてもらいましょう。それはインポッシブルミッションです。

山の家の生活は、基本的にプライバシーがかなり侵害されます。想像に難くないと思いますが、地域住民の数が少ないので、よく言えば互助会的な自衛集団、悪く言えば強烈な隣組監視社会が形成されています。近所の人は我が家が在宅か否かを、車の有無や窓の雨戸で常にチェックしています。いつも親切にしてくれる隣家の奥さんは、手作りお菓子を持って予告なく我が家を訪ねてきます。門にインターホンなどないので、庭をズイズイ横断してきて「いる?」と窓から覗き込んできます。

家の周りで人に会うと必ず挨拶し、多かれ少なかれ言葉を交わします。ご近所の誰彼が何をした、というような話題が中心なので、怪しげな行動は絶好のネタになるでしょう。下手な真似をすれば、一瞬で炎上間違いなしです。

田舎暮らしなんてそんなものだとご存知の方は多いかもしれませんが、都会育ちにとっては、まあまあ衝撃的な濃密度の人間関係です。それを受け入れ、むしろ安心できるのは、僕が清廉潔白なストレートエッジ系オヤジだからかもしれません。あっち志向の強いレオン系ヤンチャジジイに、デュアルライフは向いていないと断言できます。ま、下世話な話はこのくらいにしておきましょう。

方向音痴の僕にとって、メカと人間を超えた関係性になるカーナビ

閑話休題。僕はかなりの方向音痴です。通い慣れた通学路や通勤路で、ある日突然、路頭に迷ったことが何度もあります。地図を見ずに〝動物的直感〟に頼って進んだ道は、大抵の場合、間違えています。ショッピングセンターのトイレから出ると、右から来たのか左から来たのか分からくなるし、

出先で逆方向の電車に乗ることは日常茶飯事です。

カーナビがなかった時代は、車でもどれだけ道に迷ったか。溝の口から東久留米の自宅に帰ろうと思っていたのに、いつのまにか横浜中華街の門が見えてきたこともあります。あの日のカーステでかけていたダムドのアルバム『Damned Damned Damned』は、五十路のいま聴いても、迷える子羊気分にさせられます。

苗場スキー場からの帰路。スキーブーム最盛期の当時は〝大泉ICで一台降りると苗場最寄りの月夜野ICで一台乗れる〞と言われるほど、シーズン時の関越自動車道は大渋滞でした。そのため一般道を選んで東京に向かっていたつもりだったのが、いつの間にか新潟市にご到着。仕方がないので新潟で一泊し、翌日ZOOの『Choo Choo TRAIN』鳴り響くスキー場に再び繰り出したのは、気ままな学生時代の良き思い出です。

だからカーナビには親近感を抱いていて、歴代ナビ子には名前をつけて可愛がってきました。四年前まで乗っていた欧州系某メーカーのミニバンに付いていたナビは「よしこ」。生真面目なキャリアウーマン風のオンナでした。

山中湖の家を買ってデュアルライフをはじめたとき、ちょうどその車の買い替えタイミングがきました。よしこが搭載されていたミニバンは、新車から乗り出して七年目。デザインが良く、馬力はないけど運転しやすい車だったのでまだまだ乗るつもりだったのですが、その年の車検でディーラーから「エンジン故障で載せ替えの必要あり。その他もろもろの不具合も見つかり、見積もり総額約150万円」と連絡がありました。

なんだか笑ってしまい、「はは、じゃあそのまま廃車で」と答えました。よしこと別れるのはつらかったですが。

ちょうど山中湖の家を購入することも決まっていたので、新しい暮らしに合う車に買い替えることとしました。それで選んだのが、現在乗っているスバル・XVです。寒冷地である山中湖村は、冬になると深く雪が積もることが多いし、道路の凍結も多発します。それに、田舎ではどうしても未舗装路を行かなければならないことがあります。荒道の走破性と都会での快適な乗り心地を両立させ、エンジン系トラブルなどもなるべく未然に避けようと考えたら、今ならスバル車に勝るものはないと思えたのです。

かっこいいだけの外車はもう懲り懲り。デュアルライフでわかった車の本質的価値

思い起こせば僕は、大学に入学した年に最初の車を買いました。親からは、「50万まで出してやる

からそれで買える車を選ぶか、バイトして自力でお金を追加し、もっといい車を買うか好きにしろ」と言われました。僕は今すぐに自分の車が欲しかったので、ちょうど50万円で売られていた中古のフォード(中身はマツダ製)・フェスティバを買い、学生時代に乗り倒しました。

運転は大好きですが、走りやメカに凝る車マニアではないので、車種にはそれほどこだわりません。フェスティバの後は六台の車を乗り継いできましたが、どちらかというとデザインと雰囲気重視で、いつの頃からか外車に目が行くようになりました。

でもデュアルライフのスタートを機に、そうしたミーハー心を悔い改めます。田舎暮らしを支えるためには、安定感と信頼性の高い車が欠かせないからです。都会とは違い車がなければコンビニにも行けないし、公共交通網は脆弱です。東京の暮らしでは、車はオプションのようなもの。本当はなくてもいいのに、趣味で乗っているに過ぎなかったのです。そんなアクセサリー感覚だと、デザイン製の高い外車に走りがちですが、デュアルライフでは国産第一と思うようになりました。

妻も運転するから本当は車がもう一台あると便利。セカンドカーはスズキのジムニーか、なんだったらダイハツの軽トラがいいかなと思っています。そして、もし次の買い換えタイミングが来たら、スバルのアウトバックかトヨタのハイラックスを狙います。とにかく、あの150万円事件以来、外車は懲り懲りなのです。

いつの間にかご近所の子供達が遊びに来ている我が家

いま乗っているスバル・XVのナビ子は、オネエの「イザベラ」です。彼女は提案する渋滞回避ルートを選択してあげると、弾んだ声で「はい！　新ルートでご案内します！」と言います。

しかしその声の裏に潜む、「そうよ、方向音痴のあんたは私の言う通りにしてればいいの。バカね」というSっ気を感じてゾクリとすることがあります。

06 厳寒期の湖でふと思い出す、伝説のジャズフェスティバルと永井美奈子のこと

山中湖畔で開催されていたマウント・フジ・ジャズ・フェスティバルでアルバイト

かつて、山中湖畔の広大な空き地に設けられた特設会場で、一大野外ジャズフェスティバルが催されていたことをご存知でしょうか？　一九八六年〜一九九六年の毎年八月。国内外から集結した一流ジャズミュージシャンが、二日あるいは三日間にわたり名演を繰り広げたマウント・フジ・ジャズ・フェスティバル。往年のジャズファンにとっては、懐かしい響きなのではないかと思います。

僕は大学二年生だった一九九〇年、このフェスに参加しました。といっても当時の僕はガチャガチャとやかましいハードコアパンクなどが好きなバンド系学生だったので、アダルトでソフィスティケーテッドでおしゃれなジャズには興味がありませんでした。オーディエンスではなく、会場係のアルバイトとしてマウント・フジ・ジャズ・フェスティバル体験をしたのです。

高田馬場駅発着の貸切バスによる送迎、宿泊・食事付きという条件、そのうえバイト代もまあまあ良かったので、友人とともに張り切って申し込みました。しかしバブル期といえども、学生向けのバイトにそうそうおいしい話は転がっていません。放り込まれたのはホテルでも旅館でもなく、汗臭い香りが漂う〝合宿所〟としか呼びようのないオンボロ宿舎。狭い和室の中に隙間なくみっちりと布団が敷かれ、初対面のバイト仲間と肩や足をこすり合わせながらの雑魚寝でした。

極め付きは、晩飯のおかずです。三日間とも同じメニューで、メインディッシュは冷めたアメリカンドッグでした。アメリカンドッグはドライブ中にサービスエリアで食べるととてもおいしいものですが、一日働いて疲れたあとの晩御飯のおかずとしては最低です。

まあ、今さら言ってもしょうがないそんな愚痴は置いといて。僕に課された仕事は、関係者を駐車場から会場へ案内・誘導する係でした。何人もの海外招聘ミュージシャンらしき人を誘導しましたが、僕にジャズの知識はほとんどありません。ブロークンな英語で控室用テントへ案内した黒人は、きっと名のあるプレイヤーだったはずですが、果たしてあれは誰だったのか?

唯一、一発で顔と名前が一致したのは、日本テレビに入社二年目で人気が爆発していた女子アナ、永井美奈子でした。マウント・フジ・ジャズ・フェスティバルは日テレの関連イベントだったので、レポーターとして来ていたのでしょう。一緒に働いていた友人と「おお、永井美奈子だ！　かわいい!!」と案内そっちのけで盛り上がっていたら、社員スタッフにめちゃくちゃ怒鳴られたのも、今ではいい思い出です。

ジャズフェスティバル会場跡地は整備され、現在は有名な夏フェス会場となっている

肝心のジャズについてはまったく触れないまま、話は先に進みます。そんなマウント・フジ・ジャズ・フェスティバルがおこなわれていた空き地はその後、多目的公園に整備され、二〇〇六年に〝山中湖交流プラザ　きらら〟という村営施設としてオープンしました。ジャズフェスティバルを開催していた頃の名残なのか、公園の中央には、富士山を背にする大きなステージが常設されています。

その常設ステージと大小3つの特設野外ステージを使い、二〇〇七年から毎年八月には邦楽系音楽イベントが開催されるようになりました。スペースシャワーTV主催の夏フェス、スウィート・ラヴ・シャワーです。

毎年、錚々たるミュージシャンが登場するこのイベントに、デュアルライフをはじめた二〇一七年から、一家揃って参加するようになりました。会場バイトではなく、もちろんオーディエンスです。我が家から会場までは歩いて十分。家から徒歩で夏フェスに行けるなんて、僕のような音楽好きに

とっては夢のようなことです。

野外会場で数日間にわたっておこなわれる夏フェスは非常に楽しいものですが、色々とハードで小さな子供連れでは厳しい面もあります。でも、家が近ければすぐに帰れるから問題なし。そして小学生の娘が疲れたら休めるように、キャンプで使う大きなアウトドアキャリーカートを家から引っ張って会場に向かいました。冷たい飲み物や日よけパラソルも搭載したキャリーカートは、混雑したフェス会場内でも間違いなく休憩できる基地になるのです。

初めて生で見るきゃりーぱみゅぱみゅやゆずのパフォーマンスに、娘は大興奮。こんなに若くして夏フェスを悠々と楽しめるなんて。お父さんの頃には考えられなかったことです。うらやましいったらありゃしない。

夏には熱狂に包まれる会場は現在、犬が思い切り走れるだだっ広い雪原になっている

なんだか勢いに任せて夏フェスの話をしておりますが、今は真冬の一月。標高1000メートル付近にある山中湖村の冬は、〝厳寒〟という言葉で表現されます。東京で生まれ育った身に真冬の山中湖村は、それはもう、めっちゃ寒いです。山中湖でのデュアルライフももう何年も経つのですが

マウント・フジに向かって走れ！　犬！

がに慣れは……しません！　今でも行くたびに、「え、こんなに寒かったっけ？」と驚愕します。

一月初旬のある夜に東京を出発し山中湖へ向かったときは、車の外気温度計の数字がぐんぐん下がり、あっさり氷点下のラインを割りました。山の家に降り立った時点の気温はマイナス10度。そして何日も人が入らず、雨戸を閉めて陽の光も入れていなかった厳寒地の家の中は、屋外よりも冷蔵庫よりもキンキンに冷えています。霧吹きスプレーや花瓶、加湿器の水、オリーブオイルまで、家中のありとあらゆる液体がカチカチに凍っています。

すぐに暖房を入れても、部屋はなかなか暖

まりません。このままでは寝られないので風呂で暖まろうと湯船を洗っていると、床にこぼれた水滴がみるみる氷になっていきます。

でもここまで寒いと逆にワクワクしてくるのです。子供と一緒に濡らしたタオルを振り回してみると、30秒でカチコチに凍り、親子でキャッキャと喜びます。厳寒の冬の暮らしを知らなかった都会人にとっては、寒い寒いと喚きながらもそんなことのひとつひとつがエンターテインメントになるのです。空気が冷え切っていると、朝の富士山も夜空の星も一段と綺麗に見えるし。

一月中旬になると、山中湖村もすっかり雪化粧をしました。かつてマウント・フジ・ジャズ・フェスティバルが開かれ、現在はスウィート・ラヴ・シャワーの会場となっているきららの広大な芝生広場も真っ白。人間と同様に寒い寒い冬が珍しい我が愛犬は、広い雪原の上を大喜びで思いきり走り回りました。

07 デュアルライフ民って地元から歓迎されてるの？ ゴミは出せる？ 下水がないって本当？ 疑問に答えます

住民登録をしていなくても別荘所有者は自治体に（ちょっとだけ）納税する義務がある

デュアルライフをする場合、税金とか行政手続きってどうなるの？　という疑問を持っている方も多いようです。僕はそういうちゃんとした話が苦手な根っからのボンクラサブカルオヤジなのですが、自分の頭を整理するためにも今回ばかりは少し真面目に話をしようと思います。

まず根本的なこととして、日本の法律では、住民登録って一人一箇所しかおこなえないんですって。そんなベーシックなことすらよく知らなかったので、デュアルライフのスタート時に、僕はこっちにも住民登録的なものが必要なのかと思い、勢いよく村役場に駆け込みました。すると役場の人は（はいはい、また間抜けが来ましたよ）とでも思ったのか、子供に教えるように優しくレクチャーしてくれました。

　いくら山の家を持っていても僕の場合、ベースは東京なので住民登録は世田谷区のみ。山中湖村に住民票はありません。当然、基本的な納税先も選挙の投票も、東京都＆世田谷区。そして、東京都＆世田谷区から各種行政サービスを受けています。

　でも山の家がある山梨県・山中湖村に対しても、納税義務があります。まず家・土地の評価額に応じて県に収める固定資産税。これはまあ、仕方ありませんね。

　他にもあります。村内に別荘がある個人は住民登録をしていなくても〝家屋敷課税〟の対象となり、村県民税の均等割分を収めなければならないのです。

「ほら！　やっぱデュアルライフってコスパ悪！」と思うかもしれません。でも、落ち着いてください。よく考えたら、これは当然なのです。だって山の家で暮らしている間は、デュアルライフ民といえども上水道の使用や、ごみの回収・処理をはじめとする様々な行政サービスを自治体から受けるわけですから。

　山梨県・山中湖村の場合、別荘所有者の村県民税額は、定額で年5500円（村3500円・県2000円の割合）。安いと思いませんか？　東京で払っている住民税と比べたら、タダみたいなもんです。これすらも〝ダブルで納税するなんてもったいない〟と思うようなら、そもそもデュアルライフには向いていないのかもしれません。僕は「ナイスコスパ！」と拍手したくなりました。

季節が真冬になると、都会にはない行政サービスで、激しいありがたみを感じることもあります。それは除雪。年によって差はありますが、寒冷地の山中湖村は雪が深く降り積もることがあります。でも我が家の前の細い道路を含め、村内の道が雪で埋まって通行不可能になることはまずありません。冬になると道路の要所要所にはあらかじめ、積雪と凍結を防止する融雪剤がまかれているし、少しでも積もったらすぐに村が除雪車を出し、こまめに雪を取り除いてくれるからです。雪の日に除雪車とすれ違うと、感謝の気持ちでいっぱいになります。「5500円しか払ってないオミソですみません」と思いながら。

「え？　下水がないの？」。そんなところでは暮らせないかもしれないと思った

逆に都市部では当たり前なのに、こちらには存在しない行政サービスもあります。それは下水です。我が家がある区域には、そもそも下水道が通っていないのです。

「え？」とびっくりする方は都会人ですね。僕も最初は驚きました。ずっと都市部で生活してきた身としては、下水道なしで日々の暮らしが成立するとは思えなかったのです。

我が家から出る排水は、下水道ではなく「浸透式」という方法で処理されています。人口密度の高い都市部では、排水は公共下水へ接続するのが当たり前ですが、人口の少ない山間部などでは各家庭で独自に汚水を処理しているのです。

僕は最初に不動産屋さんからかような仕組みについて説明を受けた際、意味がわかりませんでした。「この家はここらに浄化槽が埋まってますからねー」と庭の一部を指し示されましたが、「じょ、じょーかそー？」と志村けん口調で聞き返してしまったほどです。お風呂の水もトイレの水も台所の水も、家から出た排水は一旦、敷地内に埋設された浄化槽に貯まります。そして浄化槽内での処理行程を経てきれいになった水は、そのまま地中に浸透させるのです。

「え？　庭の地下に一旦ウ○コ貯めちゃうの？　それって……」と、最初は戸惑いました。

でも結論から言うと、まったく問題ありませんでした。昔のことはわかりませんが、きっと現代の浄化槽はかなり優秀なのでしょう。うっすらともニオったことはないし、水は普通にジャンジャン流せるので、下水道式の都市生活との差異を感じることはありません。

浄化槽は定期的な保守点検、清掃、そして法定検査が義務付けられています。我が家の田舎暮らしの最大の情報源であるお隣の奥さんの話によると、それらを怠るとごくたまーに浄化槽が詰まることもあるそうです。そうなると家中の排水溝の水はけが悪くなり、下手すると汚水があふれたりして大変なことになるうえ、浄化槽の修理費用もバカにならないのだとか。

まあ大丈夫なんじゃないの？　もしトラブったら、その時はその時で。

なーんて大雑把なマインドも、デュアルライフには必須なのです（たぶん）が、浄化槽に関してはそうも言ってはいられません。浄化槽が正常に動作しなくなると自分が困るだけではなく、最悪の場合、周囲の環境汚染にもつながることがあるそうです。我が家もきちんと点検、清掃、検査をおこない、快適で正しいノー下水ライフを送りたいと思います。

村がデュアルライフ民に発行してくれるウェルカムカードで、温泉は500円引きに

デュアルライフ民は純・村民と観光客の中間的な存在ですが、山中湖村ではそんなハーフポテトな俺たちの生活向上のため、申請すれば「ウェルカムカード」というものを発行してくれます。このカードを提示すれば、村営の様々な施設を村民待遇（無料もしくは半額以下）で利用することができます。

ウェルカムカードの恩恵をもっとも強く感じるのは、温泉に行くときです。村内には「紅富士の湯」と「石割の湯」というふたつの立派な村営温泉があり、我が家は季節を問わず頻繁に利用しています。

両者とも大人の一般料金は800円。ところがウェルカムカードを提示すれば、同行者も含めて5名までは村民価格の300円で利用できるのです（執筆当時である二〇二一年現在の金額。その後改定され、二〇二三年現在は一般料金900円。村民料金500円）。温泉好きにとっては、これほどありがたいことはありません。

有料の山中湖花の都公園の入場料や三島由紀夫文学館および併設の徳富蘇峰館は無料（ともに執筆当時である二〇二一年現在。その後改定され、二〇二三年現在は山中湖花の都公園は600円のところが100円に。通常は入場料500円の三島由紀夫文学館および併設の徳富蘇峰館は無料のまま）。また、ウェルカムカードに伴って発行してもらえるパスカードを使えば、村内施設の駐車場はすべてタダになります。数百円ずつの節約といえども、この2種のカードのおかげで行動範囲が随分と広がった気がします。

〝ウェルカムカード〟というのは、とてもいいネーミングだと思います。将来のデュアルライフを考えながらも、果たして地元から歓迎してもらえるのかと心配している人もいるでしょう。この際、断言しておきます。大丈夫ですよ、ウェルカムしてもらえます。

降ったら降ったで大変だけど、やっぱり待ち遠しい雪景色

08 今日はハードオフ、明日はカインズホーム。山の家暮らしでも買い物はやめられないのだ！

豊かな自然に囲まれていても、エシカルでエコロジーな生活はなかなかできません

五十代になった今も流行りものには臆面もなく乗っかっていく性格なので、一時期はClubhouseなるものに心奪われ、連日連夜入り浸っていました。ただし〝会って残念、話して遺憾〟を自認する中年性コミュ障男でもあるので、あちらこちらのルームを巡回あるいは徘徊し、（Clubhouseで話すやつは、どいつもこいつも無駄に意識たけーな！）などと心中で悪態をついたりしながら、無言を決め込んでただ聴いている。これが実に楽しかったのです。

都会から離れて田舎暮らしをはじめた人たちが集う部屋を発見し、覗いてみたこともありました。まだ田舎暮らしスタート半年以内の初心者たちが、素晴らしき日々について言葉を尽くして語り合っていたそのルーム。（もう少し長く暮らせば、イヤなところも目につくんじゃないの～）と、やや意地悪な冷やかし気分で聴いていたのですが、半年と言えばまだハイテンションが継続しているので、まぁそんなもんかなとも思いました。

でも気になったのは参加者が口を揃え、田舎暮らしはいかに金を使わなくて済むか、なんなら〝脱資本主義〟も夢じゃない、と熱く話し合っていた点です。

いやいや、待て待て……。僕の場合は純粋な田舎暮らしとは違い、基盤は東京に置いたまま時おり山の家に行く半端者なので、潔く都会生活を捨てた彼らの説に口は出せませんが、デュアルライフは決してお金の節約にはつながっていません。むしろ、都会ではできない楽しいアクティビティがたくさんあるため、山の家に行くたびに出費がかさみます。

山中湖村の家に滞在している間によく行くお店は、車で十五分ほど走ったところにある、富士吉田市のカインズホームとケーヨーデイツーです。地方の幹線道路沿いにあるホームセンターは、都会ではまず見られないような大規模店舗で、めちゃくちゃ楽しいショッピングスポットです。日用品から家具、家電、工具、ガーデニングやＤＩＹ用品、スポーツ、アウトドアグッズｅｔｃ。日々の暮らしからレジャーに至るまで、生活に必要なありとあらゆるものが揃っています。

しかも、ケーヨーデイツーが属するＤＭＣホールディングスとカインズホームが属するベイシアグループはしのぎを削り、安くて便利でオシャレな日用雑貨を競って開発しているので、棚を見て歩くだけで数時間は楽しめ、いつの間にかカートいっぱいに詰め込んだ商品をレジに運んでいます。たとえ田舎で暮らしていても、こうしてせっせと買い物をしてしまう、シンプルライフとは程遠い我が家の消費生活。

エシカル&エコロジーライフを標榜する人にとっては、眉をひそめたくなる話かもしれませんが、これが実態と言えば実態です。もともと買い物大好きで、新しいものに目がないサブカルオヤジがデュアルライフをすると、結局こういうことになるのです。

社会のデジタル化がここまで進行しなければ、都会から離れはしなかっただろう

僕がデュアルライフからスタートし、ゆくゆくは完全に都会から離れるのも悪くはないと思ったのは、時代の変化があったからです。思えば、若い頃の僕が東京暮らしをやめられないと思っていた最大の理由は、田舎にはマニアックなCDやレコードを買えるお店がないと思っていたからです。それに、新刊や売れ筋だけではなく、さまざまな本を取り揃えた大型書店や、思わぬ古本や古雑誌と偶然めぐり会える神保町のような古書店街も、僕の生活には欠かせない要素でした。

しかし今世紀に入った頃から、それらのものはむしろネットの方が探しやすく、入手も簡単にな

りました。僕はその時点で、都会に住む理由の大半を失ったと言っても過言ではありません。

とはいえ当時の僕はまだ都心の会社に通うサラリーマンでしたので、田舎暮らしは現実的ではありませんでした。しかしその後フリーランスとなり、仕事は自由にどこででもできるようになったので、田舎へGO！　という気持ちになったことは、これまでにも書いてきたとおりです。

今も東京に比重が偏ったデュアルライフにとどまっているのは、妻の会社勤めと娘の学校があるからです。でも、妻の仕事も徐々にリモートが多くなってきたので、娘が親の手から離れる頃には、本格的に田舎暮らしへと軸足を移すことになるだろうと思っています。

中古レコードは「ハードオフに買いにいこう、ハードオフに買いにいこう！」

さて、どんなにマニアックな物件もネット通販で手に入るようになった頃からさらに時代は進み、今やあらゆるカルチャーコンテンツは、デジタルデータで入手できるようになりました。僕も当然、電子書籍のKindle、それにApple Music、Spotify、Amazon Prime Video、Netflixなどのサブスクサービスと契約し、デジタルでコンテンツを楽しむようになっています。

しかし、何でもかんでもデジタルでオーライな社会になると、アナログ時代の〝物体として保有する〟感覚が恋しくなり、揺り戻しを起こすのもサブカルオヤジの厄介なところと言えましょう。Apple Musicをほじくり返せば、聴くべき未知の音源はまだまだたくさん見つかるというのに、僕はビニールレコードの良さを再認識してしまいました。そして何十年も前、音楽に目覚めた頃と同様に、中古屋さんでレコード探しをするのが、最近の大きな楽しみになっています。

マニアックなビニールレコードを取り揃えた中古レコ屋は、もちろん都会の方がたくさんあるので、僕のレコード発掘事業は東京にいるときの方が捗ります。でも山の家で生活をしているときも、実はレコード探しがとても楽しい余暇の過ごし方になっています。

都会にほとんどなくて田舎にはあるサブカルオヤジの楽園、それはハードオフの大規模店舗です。僕は山の家で暮らしている間、三日に一度は富士河口湖町にあるハードオフに赴き、店内で長い時間を過ごします。レコードマニアの間では「エサ箱」と呼ばれる、一枚１００円の均一価格で叩き売られているコーナーが、僕のおもな生息地になります。

ハードオフ店内には、キレイに並べられている正規のレコードコーナーもあって、そちらには内外の人気アーティストのレコードがそれなりの値札をつけて並べられていますが、思わぬ掘り出し物があるのは断然、エサ箱の方なのです。

エサ箱のレコードはジャンル分けもされず、検盤もされず、買い取られた状態のまま無造作に詰

景色のいいところで暮らしていれば物欲もなくな……らない！

め込まれていて、ほこりをかぶったまま、なかば放置されています。魚河岸のトロ箱のようなボックスに何十枚も入れられ、棚に突っ込まれているので、それをひとつずつ引き出して好みのレコードを探すのは、なかなか骨の折れる作業です。いつしかほこりで手は汚れ、アレルギー持ちなので鼻水と涙が溢れてきます。それでも掘り出し物を求めてエサ箱をあさり続けるさまは、まさにブタのように見えるかもしれませんが、当の本人にとっては至福のひとときなので、ほっといてください。

中古レコードというものは、店の立地によって品揃えに特色が出るのも面白いところです。富士五湖周辺は別荘が多いため、かつて〝別荘族〟と呼ばれたお金持ちの紳士淑女が収集した末に放出したと思われる、イージーリスニング系、AOR系、ジャズ系などのレコードが充実しています。

一旦ハードオフに足を踏み入れればキリがないので、僕は「十枚まで」と決めて、そうしたレコードの発掘作業に勤しみます。ジャンク品扱いのエサ箱レコードは、レジで二割引きにしてくれるので、千円札一枚を出すとお釣りがきます。こんなに楽しいこと、なかなかやめられません。

サブカル流田舎ライフは、まだまだ続くのです。

09 山の家でたった一人過ごす夜。Netflixでつい『シャイニング』を観ちゃう現象

仕事が立てこんでしまったら、にっちもさっちも行かなくなる前に駆けこむ山の家

少々手のかかる原稿仕事がいくつか重なっていたある日、山中湖村の家に一人でこもることにしました。胸を張って言わせてもらいますけども、僕はこれまで一度も原稿の締め切りを破ったことはありません。現在のメイン仕事はライター業ですが、もともと編集者ですので、ないがしろにされる側の切なさをよく知っているからです。

さすがに今回はヤバいぞというときには、早めに〝自主缶詰〟をして切り抜けることにしています。でも四年間のデュアルライフ生活で、過去にそこまでの状況に至ったのは二回だけ。

今回は二年ぶり三度目の自主缶詰となります。

山の家には生活用具一式や着替え、それに東京のメイン機とiCloudでつながっている予備の

MacBookもあります。必要最低限の資料だけを小さなカバンに詰め、出発の準備は完了しました。予定は水曜から金曜までの三日缶詰コース。土曜日には妻&娘と山の家で合流する計画です。一人きりの時間が三日もあれば、焦げつきかけている仕事は余裕でやっつけられるはずです。

　では出発しようかな、と思っていると妻が言いました。

「クウちゃんを連れていきなよ」

　クウちゃんとは我が家の愛犬。ヨークシャーテリアとトイプードルのミックス犬です。

「えぇー。集中して仕事したいんですけどー」

「相棒がいた方が気晴らしになるでしょ」

　むむ、確かに一理あるような気もします。というわけで相棒のワンコを助手席に乗せて車を走らせ、山の家に到着しました。初日は仕事を昼過ぎからはじめましたが、誰にも邪魔されない環境は快適で、原稿が非常にはかどります。道中のコンビニで買いこんだ冷凍食品などで適当に食事を済ませつつ、ひたすらパソコンに向かい、気づけば夜十時。

　そのとき、僕は自分の心に湧き上がりつつある感情に気づき、キーボードを打つ手をはたと止めました。静かだな……。なんか寂しい……。東京の家はもちろん、山の家に来るときは、いつも周りで家族がワイワイしています。今回はそんな環境を避けるために敢えて一人で来たのですが、夜がふけてくると、何とも言えない寂寞感に襲われたのです。

過去二回の自主缶詰を含め、一人でここの家に泊まることは何度かありましたが、これほどの孤独を感じたのは初めてでした。今までの単独行は、たまたま春・夏・秋の行楽シーズンに重なっていました。我が山の家の向かいは一棟貸しのペンションなので、ハイシーズンは夜遅くまで、泊まり客がバーベキューをやっていたりして、山の家とはいえ人の気配を感じます。

思えば、こんなに静かな冬のオフシーズンに、一人で山の家に来たのは初めてだったのです。

静かで孤独な山の家では犬が友達。でも恐怖映画でさらに自分を追い込んでしまう

こんなときこそ役に立つのが、犬です。僕は愛犬クウを呼んで無理矢理ひざに乗せ、ぎゅっと抱きしめました。ああ、犬がいて良かった。「寂しいけど、頑張ろうな」。

しかし相棒はなぜか迷惑げで、僕のひざからすぐに飛び降りると玄関に向かい、ワンワンと吠えて何かを訴えます。リードをチラ見しながら吠えるこの仕草は、散歩の要求。そうか忘れてたすまんすまんと言いながら、犬を連れて凍てつく外に出ました。

近所の永住組の家の窓に明かりが見え、ああ一人じゃないんだとほっとします。でも、道を曲が

ると無人の家や林が広がる区域になり、少し不気味。林の奥からガサガサと枯葉を踏む音が聞こえると、シカだとは分かっていてもギクッとします。相棒には悪いけど早めに散歩を切り上げて、家に戻りました。

仕事はだいぶ進んだので、今日はもう終わり。Netflixで映画でも観ながら寝てしまおうと思い検索していたら、ある作品がふと目に止まりました。

「ふむ、『シャイニング』か……」

一家で管理を任された、冬季閉鎖中のホテルで起こる惨劇。一九八〇年に公開され、ジャック・ニコルソンの怪演がいまだ語り継がれるこの恐怖映画は、何度か観たことがありました。それは明らかに、山の中の家で一人鑑賞はやめた方がいい映画。ところが、まずいぞまずいぞと思いながらなぜか僕の手は、再生ボタンを押していました。この状況を逆に楽しみ、もっと自分を追いこみたくなったのかもしれません。人って、そういうとこあるでしょ?

片時も犬を手放さずに鑑賞した『シャイニング』で僕が震えたのは、有名なラスト近くの襲撃シーンではなく、妻のウェンディが夫ジャック(ジャック・ニコルソン)の狂気を確信する場面。小説家志願のジャックが順調に書き進めていたはずの分厚い原稿の束を、ウェンディは見てしまいます。

All work and no play makes Jack a dull boy

All work and no play makes Jack a dull boy
All work and no play makes Jack a dull boy
All work and no play makes Jack a dull boy ……
(仕事ばかりで遊ばないジャックは今に気が狂う)

ホテルの中に巣食う何者かに正気を奪われたジャックは、タイプライターでこの一文をひたすら繰り返し書いていたのです。物書きを生業としていてこのシーンに恐怖を感じぬ人はいないでしょう

物書きを生業としていてこのシーンに恐怖を感じぬ人はいないでしょう
物書きを生業としていてこのシーンに恐怖を感じぬ人はいないでしょ……

家族と合流し出かけた川釣りで出あってしまった本当に恐ろしいもの

そんな感じで恐怖に身を委ねて遊んだりしながらも、三日間の予定を終え、たまっていた仕事はひと通り片づきました。最終日の夜はすっきりした気分で、家に置いてある好きな映画のDVDを観ます。何度も繰り返し観ている、『リバー・ランズ・スルー・イット』です。

若きブラット・ピットが出演する一九九二年公開の映画。一九一〇～一九二〇年代のアメリカ・モンタナ州ミズーラを舞台に、スコットランド出身で厳格な父のマクリーン牧師、まじめで秀才の兄ノーマン、陽気な弟ポール（ブラット・ピット）の成長と人間模様を描き出した珠玉の作品です。

彼らに共通する趣味はフライフィッシング。モンタナ州の雄大な川で釣りに興じる三人を描写した美しいシーンが、特に印象に残る映画です。やっぱりええなあと思いながら観ていたら、久しぶりに僕もフィッシングがしたくなってきました。

最近は少しご無沙汰気味なのですが、僕も毛鉤釣りを趣味としているのです。雄大な河川があるアメリカには、リールを使って長い糸を操るフライフィッシングが向いているのでしょうが、狭い渓谷の多い日本の河川にもっぱら向いているのは、リールを使わない〝テンカラ〟という日本古来の毛鉤釣法だと僕は確信しています。

土曜日に山の家で合流した妻と娘を、明日は川へ釣りに行こうと誘いました。慣れれば本当によく釣れるテンカラですが、小六の娘にはまだ難しいので、天然の川を堰で区切ってニジマスを放流している管理釣り場に向かいます。山中湖村の家から車で四十分ほど走った先にある、「ベリーパークinフィッシュオン！鹿留」というところです。

天気は素晴らしく、ぽかぽか陽気の日でした。娘も自力で何匹か釣り上げることができ、大満足

なかなかの釣り日和に思えたのだが……

のご様子。僕も久しぶりのテンカラで最初は楽しかったのですが、やがてそれどころではなくなりました。

釣り場は、たわわに花粉を蓄えた杉の木に囲まれていたのです。くしゃみと鼻水と涙が激しすぎて、途中からはひたすら鼻をかんでいた記憶しか残っていません。孤独や恐怖映画よりもずっと恐るべきもの、それは杉花粉なのでした。

10 「富士山のふもとに住んで、噴火とか怖くないの？」と聞かれたら答えます。「お前もな」

二〇一一年三月十一日のあの瞬間、僕は築五十年の古家が崩れないかと怯えていた

しがないフリーランス稼業の僕は、東京での住まいは〝絶対賃貸派〟を宣言し実行しています。二〇一一年当時は、三年間限定の定期契約で借りていた築五十年近い一軒家に住んでいました。その古家は経年変化で各所がそれなりに傷んではいましたが、広い庭を望む縁側と、襖・障子、鴨居・欄間、板の間などがある和室中心のサザエさんちのような家で、とても気に入っていました。

僕は二階に増築されたサンルームを自分の部屋と定め、いつもそこで仕事をしていました。

あの瞬間も……。

はじめはカタカタと小さな揺れで、じきに収まるだろうと思っていました。でも次第に揺れ方は激しくなり、棚から本がバラバラと落ちてきたので、僕はとっさにベランダへと逃れました。僕の

家がある東京二十三区西部は震度五弱の揺れだったそうですが、古い木造家屋だったからでしょうか、体感的にはもっと大きく感じました。

一九九五年に発生した大地震のニュース映像が頭をよぎり、我が家はつぶれてしまうのではないかと心配になってきました。阪神淡路大震災では、直下型地震の激しい揺れに耐えきれず倒壊したのは古い木造家屋が中心。特に重い瓦屋根を乗せた和風の家は、上から押しつぶされるように一階部分が崩れていました。

もう少し揺れが大きくなったら、この家は絶対につぶれる。二階のベランダにいるから建物の下敷きにはならないかもしれないけど、家もろとも倒れたら大怪我は免れられない。ならば今のうちに、庭に飛び降りるか。ベランダの柵に手をかけ、額に浮かんでくる汗を感じながら決断のタイミングをうかがっていたら、揺れは徐々に収まってきました。

「ああ助かった……」

物が散乱した部屋を眺めながら、二~三分間は呆然としていました。我に返ったのは、来客を知らせるチャイムの音が鳴ったからです。こんなときに誰？　といぶかしみながらインターホンを取ると「宅急便でーす。お荷物お持ちしましたー」と、この地区担当のいつものニイちゃんの、のんきな声が聞こえました。ハンコを持って門に向かうと、宅急便さんはAmazonの段ボール箱を抱えて待ち受けています。中身は先日僕が発注したマンガ、サライネス著『誰も寝てはならぬ』（14巻）に違いありません。早く読みたくて待っていたマンガではありますが、それはまったく緊急性のない代物です。

東京を直下型巨大地震が襲ったら、車に家族を詰め込んで山の家に向かう計画

受け取りながら「今の地震すごくなかったですか?」と聞くと、宅急便さんは「あー、ちょっと大きかったっすかねー」と涼しい顔で言いました。あれ? 自分の感覚がおかしいのかな? それとも、こんなに揺れたのは我が家だけ? そう思ってテレビをつけた瞬間、（やっぱりおかしいのは宅急便ニイちゃんの方じゃんか!）と悟りました。

ちなみに、当時の我が家は二匹の猫を飼っていましたが、二匹とも悠然としていて、床に転がり落ちて壊れたフィギュアの頭を前足でチョイチョイ転がして遊んだり、自分のお尻をなめたりしていました。彼らを見ていると、さっきの宅急便ニイちゃんの姿がダブってきます。やっぱり猫およびクロネコというのは意外と鈍感、いや、いざという場面に耐えうる強靭な精神を持っているのでしょう。

そんな二〇一一年三月十一日の東日本大震災大震災を契機に、日本人の防災・災害対策意識は大きく変わったと言われています。我が家が二〇一六年に山梨県・山中湖村にセカンドハウスを購入し、デュアルライフをはじめたのも、あの大地震以降に芽生えた災害対策意識が少なからず影響しています。もしもこの東京で直下型巨大地震が発生し、住む家が一瞬でなくなったらどうすればいいのだろうか。そんな単純だけど原理的な不安が、デュアルライフという選択肢をリアルなものにしたのです。

遠く離れた地方に実家がある人は、ある意味こうした心配はないのかもしれません。もしも東京に住めなくなっても、一時的あるいは恒久的に生まれ故郷に帰ればいいと思っているでしょう。でも僕は東京出身なので、実家も都内にあります。

同じく東京出身の妻の実家に至っては、我が家から歩いて数分の近距離に位置しています。つまり、もしも本当に東京を壊滅的な巨大地震が襲ったら、逃げこめる家がないばかりか、夫婦それぞれの両親を含めた三家族が路頭に迷う可能性だってあるのです。

あの日から十年以上経過した現在も、僕は相変わらず東京・世田谷区の借家住まい。東京・東久留米市にあった僕の実家は家仕舞いし、八十代になった両親は市内の介護付き高齢者住宅で暮らしています。義母は数年前に他界し、妻の実家では義父が一人で暮らしています。

今この瞬間にも、家が崩れ落ち、あらゆるライフラインが止まり、生活の基盤がメタメタになるような大地震が発生しないとも限りません。もし万が一そうのような事態になり、避難所生活を余儀なくされそうになったら、僕は車に妻と娘と犬と義父と父と母を詰め込み（定員オーバーですが、未曾有の非常事態なので大目に見てください）、一般道をトコトコ走って山の家に向かおうと思っています。

富士山の噴火はいつ起きてもおかしくないけど、一生起きなくてもおかしくない

そんな災害対策拠点としての意味もあるセカンドハウスなら、なんで山中湖村なんだ、というツッコミの声が聞こえてくるようです。僕がデュアルライフをはじめてから、人に「富士山のふもと、山中湖村に家がある」と言うと、「へー。素敵だけど噴火とか怖くないの？」と聞かれたことが少なからずあります。３・11以降は特に、富士山の噴火という災害について強く意識している人が、世の中にはけっこう多くいるようなのです。

山中湖村で暮らしていると、確かに富士山は火山なのだということを感じます。自宅の庭に転がっている石や岩のほとんどは、表面に無数の穴が空いた真っ黒な溶岩（正確には「スコリア」と呼ばれる溶岩系の火山噴出石）だし、周囲をちょっとドライブすれば、火山活動によってできた洞窟や風穴と

忍野八海

いった観光スポットがあり、ちょっとした公園やカフェの店先に〝溶岩樹型〟と呼ばれる奇妙な形の岩が飾ってあります（ややこしいので〝溶岩樹型〟については各自ググってください）。

そもそも山中湖をはじめとする富士五湖も、我が家から車で十五分の距離にある忍野八海も、すべて富士山の火山活動によって生まれたのです。

富士山の直近の大規模噴火は、一七〇七年（宝永四年）に起こりました。その前の噴火は一五一一年（永正八年）の小規模なものです。永正噴火から宝永大噴火までの間隔が１９６年であり、宝永噴火から現在までは３１４年が経過しているので、溜まりに溜まったマグマが今にも大噴出するのではないかと心配する人がいます。でももっと前にさかのぼると、記録に残る富士山の噴火は一四三五年、一〇八三年、一〇三三年、一〇一五年、九九九年、九三七年とランダムな間隔で起こっていて、宝永噴火に匹敵するような大規模なものは、八六四年（貞観六年）に発生した貞観大噴火となります。古い話なので貞観大噴火から宝永大噴火までの間の噴火がどのくらいの規模のものだったか、はっきりしたことはわからないようですが、〝大噴火〟である貞観―宝永の間隔は８４３年です。

ええと、つまり何が言いたいのかというと、「よく分からん」ということです。

死火山でも休火山でもなく、まぎれもない活火山である富士山は、なぜか３００年以上もずっとおとなしくしていますが、今日明日に突然大噴火を起こしてもおかしくはありません。逆に、もしかしたら我々どころか子や孫の代が生きている間は、今と同じくじっと静かにしているかもしれません。それは、直下型大地震が今この瞬間に起きてもおかしくない東京も、南海トラフ大地震に明日襲われるかもしれない東海・四国地方も、まったく変わらないと思います。

だから「噴火とか怖くないの？」という質問に対して、僕はこう答えます。

「お前もな」

自然災害という観点からいえば、環太平洋火山帯のど真ん中に位置する国に生まれ落ちた我々日本人に、絶対安全な場所などはあるはずがありません。だからせめて、いざというときに逃げ込める第二拠点を持つというのが、消極的ではありますが正解に近いライフスタイルではないかなと思っているのです。

11 やたら目につく自生スイセンの謎
野生のシカが爆発的に増えたから？

不安な気持ちを抱える新入生の娘に捧げたい一休さんの言葉

四月上旬の某日。〝これから青春はじまります〟というパステル調な空気に包まれながら、中学校入学の準備をしている娘を見ていると、ただただまぶしく、うらやましくてたまらない気分になってきます。しかし当の娘はといえば、新しい学校、新しいクラス、新たな人間関係の中でどんなふうに振る舞えばいいのかといささか悩み、不安な気持ちを抱えているご様子。

そこで、「そういうのは、とにかく初っぱなに一発かましたもん勝ちだから。ラップで自己紹介してみたらどう？『Hey Yo What's up Yo？ あたしのあだ名はP子だYo!』みたいな感じで」と下手な実演つきで提案してみたら、薄い引き笑いとともに一瞬で却下されました。

もちろん、そんなのはただのジョークです。僕も中学生の頃は今の我が子と同様、人見知りの激しい引っ込み思案なプリティボーイでした。初顔合わせの場で一発かまし、一気に注目を浴びた経験などまったくありません。

安い自己啓発系やスピリチュアル系の著者だったら、「そんな自分を変えてくれたのが部活の剣道だった」とか、「パンクロックに出会ってなかったら、今の私はなかったかもしれない」とか、「あの壺を買ってから、すべてが変わったのです」なんて書くのでしょう、あいにく僕は根っからのアンチ・自己啓発派。人間の本質なんて、そう簡単に変わるものではないと信じています。だって現在の僕もあの頃とまるで変わらない、人見知りで引っ込み思案。しかも全然プリティじゃない、コミュ障気味のサブカルオヤジになっているのですから。

娘よ。残念ながら君のそのウジウジっとした性格は、一生変わらないよ。己の経験を通して、父はよく知っているのだ。

その代わりというわけではありませんが、これからの新生活におびえる娘には、一休禅師の言葉を捧げました。「大丈夫。心配するな。何とかなる」さすがだな〜、一休さんは。あまりにも単純な言葉ですが、これはえげつないほど本質的な、真理・オブ・真理ではないかと思っています。

大丈夫。

心配するな。

何とかなる。

君の明日も将来も、この日本も世界も大丈夫。きっと、何とかなるんだよ。

久しぶりに行った山中湖村には、ジワリと春が来ておりました

山の家には一ヶ月以上も行っていませんでした。

娘の卒業・進学準備、僕&妻の仕事の忙しさ、そして何より、春の訪れが遅い寒冷地の山中湖村には、なかなか行く気になれなかったのが理由です。

でも、セカンドハウスを長期間無人にしておくのは望ましくありません。そこで仕事が一段落した四月初めの某日夜十時、僕はおもむろに東京の家を出発し、山中湖村へと向かいました。軽い保守点検のため、一泊だけすることにしたのです。

まだ激サムかな~と覚悟していたものの、夜中の気温もそこまで下がらず、山中湖村にもジワリと春が来ていることを実感しました。ソメイヨシノはまだですが、あちこちのコブシやフジザクラ(富士山周辺や箱根に多く自生する小ぶりのサクラ。〝マメザクラ〟や〝ハコネザクラ〟とも呼ばれる)は満開。

我が家の庭には、可愛らしいスイセンの花も咲いていました。早春の山中湖村で目立つ自生花といえばスイセンです。これにはちょっとした秘密があります。

山中湖村に限らずここのところ日本の山間部では、とみに野生のシカが増殖しているといいます。クマやイノシシとは違い、人に直接的な危害を加えないので甘く見られがちですが、大挙して人里におりてくる野生ジカの食害はかなりのものがあります。

シカは特に花の味を好み、家庭の花壇で栽培しているものも自生のものも、首が届く範囲に咲いている花は片っ端から食べてしまいます。しかしそんなシカが絶対に手をつけない花、それがスイセンなのです。スイセンは黄色いかわいい花を咲かせますが、実は有毒植物。食べると中毒を起こし、ひどいときには死に至ることもあるそうです。シカはそれをよく知っているので、見事に避けていきます。そのため、残されたスイセンばかりが人目につくのです。

コロナ・ファーストインパクトによる緊急事態宣言を受け山の家で巣ごもりしていた頃、僕は暇に飽かして庭に花壇をこさえたことがあります。ホームセンターで買ってきたラベンダーやパンジー、それに近くの空き地から掘り起こしてきたスイセンを並べて植えました。

しかし、花壇が完成したその日の夜にシカさん御一行様が来訪。あとに残されたのはスイセンのみでした。

「山中湖のシカはなんでも食べるから、気をつけた方がいいよ」というご近所さんの忠告を受け、花壇にはあらかじめ獣よけのカバーをかけていたのですが、そんなものはやすやすと破壊されていました。だから以降は、そんな無駄なことをしないようにしました。自生のスイセンだけを愛でるのが吉なのです。

山の家には、我が心のバイブル『北の国から』DVDが揃っているのだ

話は変わりますが『北の国から』は僕にとって、圧倒的なマスターピースのドラマです。特に週一の連続ドラマとしてテレビ放映されていたシーズン1は、僕に人生の多くを教えてくれた揺るぎなきバイブル。サブスク全盛の世の中ですが、このドラマだけはいつでも自由に観たいので、DVDを全巻揃え、山中湖の家に置いてあります。

山の家についた翌日は、朝から『北の国から』を観ました。立派なことなど何も言わぬ情けないお父さんなのに、不器用な五郎の言動ひとつひとつが胸に刺さり、熱く込みあげてくるものがあります。連続ドラマ『北の国から』が放送されていた一九八一年十月〜一九八二年三月といえば、僕は小学六年生でした。リアルタイムで観ていたその頃の僕は当然、吉岡秀隆演じる純に自己投影をしていま

フジザクラ。小ぶりの花が下向きに咲くのが特徴

した。でも五十代になった今、山の家で改めて観てみると、自分の気持ちは完全に五郎と重なっていましたとさ……。

12 フィルムカメラ最高！ クラシックカメラ最高!!
デュアルライフと相性がいい趣味の話

富士山周辺にたくさん生息するアマチュアカメラマン

山中湖村は、世界有数のフォトジェニックなお山＝富士山の姿を、どこからでも拝める土地柄。だからここでは、首から大きなカメラをぶら下げたアマチュアカメラマンの姿をよく見かけます。

かくいう僕も、もともと写真とカメラが大好物。これまでの人生で、いったい何台のカメラを使ってきたか。もう数え切れないくらいです。

カメラ好きといっても、高価なカメラを同時に複数所有できるようなお金持ちではないので、新しいのが欲しくなると手持ちのものを下取りに出し、次々と乗り換えてきました。一時期はレンズ交換式のレンジファインダー機に凝り、レンズ沼にハマりかけたこともあります。

〝レンズ沼〟というのは、レンジファインダーや一眼レフのようなレンズ交換式カメラ所有者が、もっともっとレンズが欲しくなり、金に糸目をつけず購入してしまう現象のこと。カメラオヤジの家庭争議の元凶として知られています。

数々のカメラを使ってきてわかったのは、僕は単焦点レンズを備えたコンパクトカメラが一番好きだということでした。カバンやポケットの中に入れて日々持ち歩き、何であれハッと思ったらサッと撮るスタイルが好きなのです。

でも、スマホのカメラ性能が向上してくると、そうしたスタイルに最適だったコンパクトカメラの存在意義は怪しくなります。スマホ写真が、結構お高いコンパクト機で撮った写真に負けず劣らずのレベルになったことに気付いてからは、こんな僕もあまりカメラを持ち歩かなくなりました。

それがまあ、なんということでしょう山中湖村で暮らすようになってから、この地を闊歩するカメラピープルに触発され、カメラ趣味が完全復活したというわけです。山中湖村では多くの人が本格的なカメラを楽しんでいるので、僕もいよいよデジイチデビューしようかとも考えました。でも、レンジファインダー機で恐ろしきレンズ沼に片足突っ込んだ苦い経験を思い出すと、いまいち気が向きません。かといって、スマホカメラと抜きつ抜かれつの追いかけっこをしている単焦点コンパクト機もいかがなものか。それに、せっかくだからスマホでは絶対に不可能な写真が撮りたい。と、考えた僕がうっかり迷いこんだのが、クラシックカメラの世界でした。

カメラに一家言ある人は「ああバカだなあ」と思うことでしょう。レンズ沼と同様にヤバい〝クラカメの森〟に、わざわざ踏み入るとは……と。

まず買ったのはローライ35でした。

ローライ35に続いてゲットしたマニアックな国産二眼レフカメラ

ローライ35は一九六七年にドイツの設計者、ハインツ・ヴァースケ氏によって作られた高級コンパクトカメラの草分け。精巧なメカニズムと独特のスタイリッシュな佇まいが、いまだに多くのファンを魅了するカメラです。手の中にすっぽり収まる小型サイズながらずっしりした重量感が所有欲を満たし、前面のレンズ両脇に配置されたダイヤルが、操作する喜びを喚起します。定評のあるカールツァイス製のテッサーレンズは、程よく柔らか程よくシャープな描写力で、なんとも言えぬノスタルジック写真を生み出してくれます。

ヤフオクでこのカメラを落として山中湖村で写真を撮り始めると、僕のクラカメ熱はいよいよ激しく燃えあがりました。

次に狙いを定めたのは、中判フィルムを使うクラシックカメラ。それも、首からぶら下げて上部のファインダーから覗いて撮る、いわゆるウェストレベルのカメラが欲しくなりました。中判フィルムはカメラによって様々なフォーマットの写真が撮れますが、僕は6×6の〝真四角写真〟が撮れるものを探しました。

本気で欲しかったのは一九五七年に世に出たハッセルブラッドの500シリーズ。一九七八年発表のアルバム『This Year's Model』のジャケットで、エルヴィス・コステロが構えているあの名機です。ハッセルブラッドはファッションフォトの世界で使用する人が多く、僕は以前から仕事現場で、フォトグラファーが操るハッセルをうらやましく眺めていました。

でも中古市場に出ている古い個体でも、ハッセルブラッドは値崩れしておらず、極めて高価。そういうのに固執すると破滅の一途なので、あきらめて次の候補のローライフレックスに照準を合わせました。

一九二九年に初号機が発売されたローライフレックスは二眼レフの元祖であり、中判カメラの王様。全盛期は一九四〇〜五〇年代ですが、近年発売された復刻版なども含め、さまざまな年代のさまざまな機種があり、中古価格もピンキリです。だから根気よく探せば、自分にぴったりなものが見つかりそうでした。

でも、いくつも見ているうちに、なんだかローライフレックスはちょっとベタすぎるんじゃないかなという気がしてきました。そして第三の候補として急浮上し、結局手に入れたのは、一九六五年に発売された日本製の蛇腹式二眼レフカメラ、マミヤC33プロフェッショナルでした。

マミヤCシリーズは二眼レフとしては世界で唯一、レンズ交換機能を備えたユニークなカメラです。と言っても、MAMIYA-SEKORというマミヤ製の専用レンズしか使えないので、その沼はそこまで深くなく安心です。

僕は105ミリと135ミリのレンズを買いましたが、次はダイアン・アーバスが主に使っていたという、やや広角の80ミリレンズを狙っていて、夜な夜なヤフオクやメルカリを巡回しています。

ダイアン・アーバスって？

マミヤC33プロフェッショナルは、ダイアン・アーバスという一九四〇～六〇年代に活躍したフォトグラファーが、晩年に愛用した機種なのです。ダイアン・アーバスは夫とともに写真家として活動していましたが、いわゆる〝フリークス〟と呼ばれる異形の者のポートレイトを撮ることに執心した挙句、精神を病み、一九七一年に自殺した悲劇の人です。

彼女の生き様は、二〇〇六年に公開されたニコール・キッドマン主演の米映画『毛皮のエロス～ダイアン・アーバス　幻想のポートレイト』を観ると詳しくわかります。もっともこの映画に登場するダイアン像はかなり脚色されていて、事実とは大きく異なるようですし、劇中で彼女が使っているのはマミヤC33プロフェッショナルではなく、その前の愛機であるローライフレックス。僕としては、少し納得がいかないところです。

スマホでは絶対無理！　こんな写真が撮れるからクラシックカメラはやめられない

何やかんや言いつつ、いつかはきっと買うであろうハッセルブラッドはエルヴィス・コステロやロバート・メイプルソープ、マミヤC33プロフェッショナルはダイアン・アーバス。僕が選ぶカメラには、何らかのミーハー的サブカル背景があります。前述のローライ35は、スティーブン・ショアというアメリカのフォトグラファーに影響されたものです。

スティーブン・ショアは、作品といえばモノクロと相場が決まっていた写真界に、カラーフィルムで乗り込んだ人物。一九七〇年代に彼が世に問うた、ローライ35とカラーフィルムを使って撮ったアメリカの何でもない風景写真は激しく賞賛され、写真界にはその後カラーの時代が訪れます。

さて、そんなこんなで最近の僕は山中湖村を散歩する際、首からマミヤC33プロフェッショナル

ローライ35(左)と、マミヤC33プロフェッショナル(右)。

をぶら下げ、ポケットにはローライ35を忍ばせています。どちらも一九六〇年代製のクラシックカメラ。フルマニュアルなので、いざ撮影しようと思ったら、露出を測り、絞りやシャッタースピードを考え、ピントを合わせるという一連の動作をしなければならず、カメラを構えてからシャッターを切るまで数十秒もの時間がかかります。一瞬でサクッと撮影できて、ちゃんと綺麗な写真が撮れるスマホカメラと比べたらあまりにもスローモーだし、何枚かに一枚は必ず失敗するし、フィルム代も現像代もバカになりません。

　デメリットといえばもうひとつ。マミヤC33プロフェッショナルは「人が殺せそう」とか「アイロンかよ!」とか「おいしい漬物ができそう」などと揶揄される、変態的に重たいカメラです。その重量は約二キロ！　首から下げているだけで、だんだん肩が凝ってきます。

でも、そうしたデメリットさえも愛おしく、写真を撮るのが本当に楽しく思えるのがクラシックカメラなのです。あがった写真はどれも、スマホでは絶対に出せない味があるものになっています。〝空気感まで写っている〟といえばいいのでしょうか。もうあとには引けないので、どこまでも深く険しいクラカメ森にハマるのは必至、というかもうズッポリです。

山中湖に来なければ、こんな厄介な趣味にハマることはなかったでしょう。日常と非日常を行ったり来たりするデュアルライフは、こんなことをしたくなる暮らしなのです。

ところで、クラシックカメラの世界にはライカというお化けがいて、取り憑かれたら間違いなくイバラの道が待っているで、僕はそっちだけは絶対に見ないように目を背けて暮らしています。

13 今どきデュアルライフを彩る優れもの。ハンモック、ホットサンドメーカー、オイルランタン

ゴールデンウィークは、山の家でステイホーム

季節の巡りが東京より一ヶ月ほど遅い山中湖村も、木々の若葉が芽吹き、すっかり春めいてきました。暖かくなってきた里山では、野鳥のさえずりがよく聞こえます。特に〝春告鳥（はるつげどり）〟とも呼ばれるウグイスの声を聞くと、「ああ、本当にここも春本番なんだ」と感じます。

寒い季節は封印していた、国産手作りハンモックブランド・Hammock 2000の〝ワイドブラジリアンハンモック〟をいそいそと取り出し、庭の木の間につるしました。鳥の声に耳を傾け、新緑を見ながらそよ吹く風を肌に感じ、暖かな日差しのなかハンモックでゆらゆら。こうしてゆったりと春の一人時間を過ごしていると、ほかにはもう何もいらないんじゃないかと……。

な〜んて思いません！

そんな落ち着いた大人に憧れる気持ちもありますが、なんたって僕はまだアラフィフの若輩者なので、何か活動していなければ気持ちが落ち着きません。そして基本的に、〝一人時間〟というのが自分には向いていません。いま巷ではにわかにソロキャンプなるものが流行っていますが、あれって絶対に超退屈で、頭がおかしくなってしまう予感がします。

古谷実のマンガ『グリーンヒル』で、ロンリーウルフに憧れる主人公の大学生・関口は、周囲の人が「マジでビックリするほどつまんねーぞ」と止めるのも聞かずソロツーリングに出かけます。ところが、人気《ひとけ》のない砂浜に腰をおろすと五分ほどでソワソワしはじめ、結局、知らない街の本屋で立ち読みしたりゲーセンに行ったりしてしまう。あの感じ、すごくよくわかります。

ハンモックで一人ゆらゆらしていたらあっという間に退屈になってきた僕は、部屋から高倍率ズームレンズ搭載のデジカメを持ち出し、野鳥のフォトシューティングをはじめました。撮ってはググって種類を調べ、また撮っては調べ。

あまり興味のなさそうな娘をつかまえて鳥の名前を無理やり教えたりしていたら、三十分ほどは楽しく過ごせましたが、それも飽きてきたので、湖畔へピクニックをしに行くことにしました。

山中湖畔で試してみたホットサンドメーカーの実力とは

車に折りたたみ式のテーブルやチェア、コンパクトガスバーナー、ステンレスマグカップなどを詰め込んで準備ＯＫ。家族と犬を乗せ、車で五分もかからぬ湖畔に向かいました。野外調理における秘密道具をゲットしていたので、ぜひ試してみたかったのです。

テッテレー♪ 『ホットサンドメーカー』!!

ドラえもん風に言うほど大げさなものではありませんし、実は秘密でもなんでもないのですが、巷でやや流行中のホットサンド作り機です。予備知識は何もなかったので知り合いにすすめられるまま入手したのは、キッチンおよびアウトドア用品ブランドi-WANO（イワノ）の〝ホットサンドメーカーjp〟という製品。金属加工の街として世界的に有名な新潟・燕三条製プレートのずっしりとした重みが手に伝わり、やる気を呼び起こします。

最大の特徴は、二段階になっているプレートの構造。耳を挟み込んで焼くと、しっかりくっついて中の具材がこぼれず、しかもカリッカリの美味しい食べ心地になるのだとか。さっそくハムとチーズと二枚の食パンを挟み、コンパクトガスバーナーで表・裏まんべんなく火にかけること数分。きれいなホットサンドができあがりました。

これがまあ、うまいのうまくないのって。コンビニで売っているなんの変哲もないハムとスライスチーズと食パンしか使っていないし、基本的な味はいつも食べているホットサンドと変わらないのですが、なぜか格別のおいしさなのです。

なんで？　耳がカリカリだから？　いや、それだけではないでしょう。燕三条製高品質プレートの熱伝導の良さ？　いくら考えてもよくわからないので、これ以上の分析は放棄します。野外で食べれば単なるおにぎりであれカップラーメンであれ、おいしさが倍増するものなのでその点を厳密に差し引くとしても、このホットサンドの味はもうビックリレベルでした。

夜はウッドデッキで星空観察タイム。お供に加えた二台目のランタン

充実の野外ランチタイムを過ごしたその夜、自宅のウッドデッキで星空を観察します。日中の空気が暖まるこの時期は春霞が出るためか、「満天の星！」という感じではなく、都会と同じくらいの数の星しか見えませんが、春に一番見えやすくなるという北斗七星を確認しました。

北斗七星の脇にあるはずの死兆星は見えなかったので、僕の命はまだ当分大丈夫そうです。北斗七星を見つけたらすぐに死兆星を探してしまい、見当たらずにホッとするというこのルーティン、

同世代男子ならきっと分かってくれるでしょう（ピンとこない方は「北斗の拳　死兆星」でググってください）。

日が落ちるとまだだいぶ冷え込みますが、僕はウッドデッキで過ごす時間が好きなので、暖かい上着を羽織ってしばしば外に出ます。そんな夜のウッドデッキタイムのお供は、何年か前に買ったMoriMoriという新興家電メーカーの〝LEDランタンスピーカー〟。コールマンの〝ルミエールランタン〟という名作ガスランタンのデザインをオマージュした製品で、その佇まいといい四方に広がる音の質といい、非常に良くできており、山の家ではいつも大活躍しています。

虫が多くなるこれからの季節には、このランタンスピーカーと蚊取り線香を携えてウッドデッキタイムを過ごしますが、この際、蚊取り線香に代わるもうひとつの秘密道具を加えることにしました。テッテレー♪『キャプテンスタッグ製オイルランタンと、虫よけスターパラフィンオイル』!!

風情がある昔ながらのオイルランタンも今、キャンパーの間で密かなブームになっています。本来、オイルランタンの燃料は灯油なのですが、最近は灯油よりもすすが出にくく扱いやすい、パラフィンオイルを使うことが推奨されています。そしてパラフィンオイルには虫よけ成分を配合したものがあり、蚊取り線香いらずになるのです。う〜ん、優れもの！

風に強いため「ハリケーンランタン」とも呼ばれるレトロなオイルランタンは、一八九三年にドイ

ハンモックが気持ちいい季節になりました。

ツのフュアハンド社が発売したものがオリジナル。僕の買ったキャプテンスタッグ社のものは、フュアハンド社の名品オイルランタンのほぼ完コピー品ですが、僕はキャプテンスタッグというメーカーが好きだから、これでいいのです。

だってキャプテンスタッグは燕三条の金属加工老舗メーカー、パール金属のアウトドア製品部門なのですから。どうやら僕は燕三条信者のようです。

14 どうしても欲しい山のお宝、〝シカの角〟ってどこを探せば見つかるの？

探しものはなんだと思いますか？

山中湖村でずっと探しているものがあります。それはとても見つけにくいもので、カバンの中やつくえの上を探してもあるはずはなく、見つかるとしたら野山。シーズンは、春がベストと言われています。

タイトルでもうバレてるし、もったいぶっても仕方がないのでとっとと発表すると、僕の探しものは〝シカの角〟です。毎年生え変わるため、春の野にぽとんと落ちているという雄鹿の角がどうしても欲しいのです。

山中湖村では、本当にしょっちゅう野生のシカを見ます。デュアルライフをはじめた当初は、見かけるたびにキャアキャアと盛り上がりましたが、野良猫よりも頻繁に見られるので、もはや僕も家人も反応はだいぶ薄くなり、最近は「あ、いるね」という程度です。にもかかわらず、デュアルライフをはじめて何年も経つのにまだ一本の角もゲットできていません。

もっとも民家近くで見かけるのは角がない雌鹿や子鹿が多く、立派なブツを持っている雄鹿には、そもそもほとんど出逢えません。雄鹿は基本的に単独行動のうえ警戒心が強いので、山奥を中心に生活しているのでしょう。だから角を見つけるには、山に登らなければ。それもやわな登山道ではなく、道なき道に踏み入らなければなかなか見つからないと聞きます。そこまでワイルドではない僕は、「じゃあ無理やね」とハナからあっさり諦めていたのです。

ところが数年前のある日のこと。山中湖村に永住し、フォトギャラリーを開いているお隣のプロカメラマンさん宅へ遊びにいったら、リビングのキャビネットに立派なシカの角が飾られていました。惚れ惚れと見ている僕にカメラマン氏は、「ああ、それね。佐藤さんちの前に転がってたの」と、のたまうではありませんか。

確かに、我が家の庭は獣道。山から下りてくるシカにとってちょうどいい通り道らしく、庭にはよくフンが落ちているし、足跡もたくさん残っています。夜、風呂上がりにテラスで星でも見ようかなと思ってドアを開けると、庭の花のツボミを、今まさにむしゃむしゃ食べているヤツと目が合ったこともあります。

角のあるレアな雄鹿もきっと、人の気配がなくなる深夜には山からやってきているのでしょう。

「つ〜の〜、つ〜の〜」とさまよう僕

我が家から富士山を挟んだ向かい側にある白糸の滝を訪れたときには、シカの角に関するさらなる有力情報をつかみます。滝の脇のお土産物屋さんには、店を切り盛りする地元のおばあちゃんがみずから拾ってきた何本もの角や、〝トロフィー〟の語源であるスカル付き鹿角が陳列されていました。

尋ねてみるとおばあちゃんは、いずれも近所で見つけたのだと言います。曰く、そりゃあ山奥の方がたくさん落ちているだろうけど、枯れ枝とシカの角は区別がつきにくいので、慣れている人でなければまず見つけられない。素人は山麓の空き地や草原を探した方がよく見つかる。でも、下草が伸びてくると隠れてしまうので、角が落ちる早春から五月くらいまでがチャンス。

なるほど〜。こうして角拾いのコツを伝授してもらった僕は、春になるとシカが出没しそうな山中湖村のあちこちの空き地で、幻の豆畑の中をさまよう笠智衆のごとく、「つ〜の〜、つ〜の〜」とうめきながら探すようになりました。

でも、見つからんのですよ。

このあたりに住んでいる人にとってシカの角は、山菜やキノコと同様に、一種の自然の恵み。どうやら暗黙の争奪戦になっていて、僕のようなたまにやってくるデュアルライフ組にはなかなか順番が回ってこないようなのです。

野生のシカはでかくてかわいくてかっこいいのですが、農作物や山林および里山の樹木に深刻な食害をもたらす厄介な存在でもあります。彼らもそのへんのことをよく自覚していて、春先には地元住民に対するお詫びとお礼を兼ね、そっと角を置いていくのかもしれません。いささかメルヘンチックですが。

兎にも角にも、シカの角を一本見つけなければ、この土地に本当には認められていないような気がして、一生懸命探しています。でも今年も徐々に下草が伸びてきたので、シーズンは終了の兆し。山の神から「お前にはまだ早い」と言われているような気がしてなりません。

探すのをやめたとき見つかることもよくある話なので、気長にいきたいと思っています。

角探しのネイチャーツアーを発見！

とかなんとか言いつつ実は、我が家にはすでに一本のシカの角があります。でもこれは拾ったものではなく、ずっと以前に伊豆の観光地のお土産物屋さんで購入したものなのです。

前述の白糸の滝だけではなく、富士山周辺のお土産物屋さんや道の駅なんかでも、シカの角は一本数千円程度の価格で、土産物としてよく売られています。それにメルカリで検索してみたら、たくさん取り引きされていました。そのまま飾ってもかっこいいですし、ナイフの柄やアクセサリー、家具などに加工するクラフト素材としても人気で、需要があるのです。

最近は日本全国でシカの生息数が増えているうえ、角はオスの成獣が毎年必ず2本ずつ供給してくれるので珍しくもなんともなく、実は簡単に買うことができます。でも……。

でも、それは違うでしょ！　僕が本当に求めているのは、シカの角という物体そのものより、自然と対話する感覚。自力で、しかも地元の山中湖村で見つけることにこそ意味があるのです。

お金で買った我が家の角（伊豆産）は、虚しいながらもなかなか見事な代物。長さは大人の腕ほどもあって三叉に分かれ、ずっしりとした重みがあります。落とし主はおそらく、立派な体格の成獣だったに違いありません。

我が家にあるシカの角。でもコレじゃない！

雄鹿の角は、秋の繁殖期にメスを巡ってライバルと戦うために使われます。実際に角を突き合わせることも多いそうですが、実戦に至る前に大きな角をアピールするだけで雌鹿に選ばれるらしく、抑止効果のある武器。だからこんなに派手なんですね。

生き物というのは人間も含めて摩訶不思議な進化を遂げていますが、こんなにバカデカくて重くて邪魔くさいのに用途の限られたものを毎年頭に生やす方向に進化したシカというのは、相当に変な生き物だと思います。でも、そこがいいですよね。

シカの角、いつか必ず見つけるぞ！　と、あやふやな感じで原稿をまとめにかかりながら、念のためにネット検索していたら、なんと、山中湖村で犬と一緒にシカの角を探すネイチャーツアーが開催されているという情報を発見しました。

ほう……。前言撤回！

やっぱ本気でシカの角を探すなら、山に入んなきゃダメでしょ！　ガイドさんがついているツアーなら安心だし。野生動物の痕跡は犬と一緒の方が圧倒的に見つけやすいらしく、このツアーは愛犬同伴を推奨しているのだそうです。五月末に開催される回に、さっそく申し込みました。

自然物なので参加しても必ず発見できるわけではないとエクスキューズされたツアーではあるものの、これでいよいよ念願の角に一歩近づけそうです。

15 シカの角を探しに入った山の中で、発見した超・意外なモノとは

愛犬の嗅覚を頼りに、シカ角を求めて道なき道に踏み入った

五月末の某日。富士山麓での様々な自然遊びを企画している、山中湖村のTHE HIGHEST PEAK主催〝鹿角採取ツアー〟に参加しました。森林ガイドの的確な案内のもと山中を歩き、ワンコの鋭い嗅覚によってシカの角や小動物の骨といった野生の痕跡を探す、とても魅力的なツアーです。

さて、はじめにお願いがあります。今回のコラムは是非、寛大な心をもって読むようにしてください。だって我が家の民、アラフィフの僕も妻も中学生の娘も東京生まれ東京育ち。こういうのってきっと、生育環境によって培われた野性の勘がモノを言うのだと思いますが、あいにく一家揃ってそんなもの持ち合わせておりません。

佐藤家唯一の戦力は、愛犬クウです。トイプードルを父に、ヨークシャテリアを母に持つクウさ

んは、見た目こそフワモコの愛玩犬そのものですが、なかなか活動的で鋭敏な犬なのです。それにプードルという犬種はもともと鳥獣猟犬だし、ヨークシャテリアだって家屋のネズミを捕まえる役割を担った狩猟犬。

まあクウさんは埼玉生まれ東京育ちの都会っ子ではありますが、犬なんだから血統に裏打ちされた本能をきっと発揮してくれるはず、いや、発揮してくれなきゃ困るのです。

などと、ダメだったときの全責任をあらかじめ犬に転嫁しつつ、生まれも育ちも山中湖村で狩猟もしているという正真正銘の野性派ガイド、THE HIGHEST PEAKの大森さん（愛称「うたえもん」）に連れられ、道なき道へと進撃しました。今回のツアー御一行は、我が家の三人を含む人間八人と六頭の犬。そしてガイドのうたえもんさんです。

素人は絶対に踏み入らないヤバそうな領域へ、うたえもんさんは平然とした顔でズイズイ導きます。我が家の庭もシカが頻繁に通る獣道ですが、山中の獣道は濃度が格段に違います。強い獣臭が漂う場所もあり、シカの群れが昨夜寝床にしていたという解説に「なるほど」とうなずきます。そして新しい足跡やフン、毛などが見つかるたび、いやが上にも期待感は高まっていきました。

別の参加者がついにシカ角を発見！　そして誰よりも先にリタイアする我が愛犬

それにしても、オスの成獣にだけニョキニョキ生え、毎年春になると抜け落ちるシカの角というのはやっぱり不思議な物体です。もし、ホモ・サピエンスにも角が生えるとしたらどうでしょう。せんとくんみたいに。きっと年頃の若い男は女子を意識し、雑誌を読んだりネットを繰ったりしながら必死になって角をかっこよく磨くことでしょう。

誰よりも太く、そして限りない枝分かれを追求する、〝角マッチョ〟な輩も登場するだろうな。

僕のようなおっさんは娘が思春期に入ると「角、きしょいんですけど」なんて目で見られてしまうのか。そして春先に抜け落ちたら、そっと燃えないゴミとして出すのかな。いや、燃えるゴミか。

なんて妄想を巡らせながら歩いていたら、彼方で何やら歓声が上がりました。急いで近づいてみると、甲斐犬のお供を連れた男性参加者が、何かの骨を発見したところでした。握りこぶしよりも大きなサイズの複雑な形をしたそれは、明らかに大型動物、おそらくシカの骨でしょう。げ、キモ……。いや、スゴい！　本当にあるのですな。僕の家族と犬はキノコなどしか見つけられておらず、早くも「難しいもんだねえ」と思いはじめていたところだったので、他人の発見でも気持ちがたかぶります。

そしてさらに山の奥に入ったところで、再び大きな歓声。さっき骨を発見したばかりの秋山さんと甲斐犬のコウくんが、またまた何かを発見したようです。それは、立派なシカの角でした。

ビンゴ！　スゴい！　いよっ、名コンビ！

ガイドのうたえもんさんも喜んでいます。せっかくツアーを催行しても、やはり自然物なので発見できないこともあり、一本でも見つかるとホッとするのだそうです。

いやいやいや、まだまだまだ。肩の荷を下ろすのは、ちと早いですぞ。僕らが見つけなければ。一層気合を入れ、「おい、クウ。お前も頼むぞ！」と我が愛犬に目をやると。

えぇぇ……。ここまでの小一時間の山歩きですっかり疲れ、へたりこんでいるではありませんか。そして僕が念のため持参した犬用のリュック型キャリアバッグをチラ見しています。

はいはい、わかりました。実はこうなることも予想はしていたのです。

我が家のクウちゃんは、いつもスタート時の瞬発力と気合だけはたっぷりなのですが、チビ犬なので持久力に乏しい、憎みきれないろくでなしなのです。今回、同行している他の犬はボーダーコリーや甲斐犬、柴犬といったアスリート系あるいはマタギ系の犬ばかり。みんなまだまだ気力がみなぎっていますが、うちの子はここでゲームーオーバー。後半一時間はずっと、僕が背負って歩くことになりました。


妻が倒木の下で発見したのは、シカの角でも骨でもなく……

頼みの綱であった犬が戦力外となったら、もはや我が家はただの木偶の坊集団。それでも頑張って目を凝らし、枯れ枝や枯葉に紛れて落ちているかもしれないシカの角を探します。うたえもんさんの指し示す先には、シカが角で木の皮を削った跡やイノシシのフン、いささかグロいのでお見せできませんが、まだ肉のついている小鹿の死骸などが次々と現れ、獣の気配は一層強くなっていきます。

またあるポイントで、他の参加者がシカの脚らしき長細い骨を発見。すると我が娘はすかさず同じエリアを探索し、小さな骨のカケラを拾い上げました。でかした！　これで我が家もボウズだけは免れました。

普段であれば「これ、あげる」と言われても間違いなくお断りするような、文字通りどこの馬の骨ともわからぬ小さな骨片ですが、何かすごい宝物を見つけたような気分になりました。

「よし。次はいよいよ角だ！」と、さらに真剣に探すこと約十分。今度は妻が倒木の下に何やら発見したらしく、大きな声で騒いでいます。駆けつけると、そこには意外なものがありました。

ドローンです……。

プロペラやアームが折れて無惨にひっくり返っている、明らかな墜落機体。拾い上げてみると、ドローンの世界でトップシェアを誇る中国メーカー・DJI製でした。それも、フラッグシップモデルのファントム。きっとコントロールを失ったかバッテリー切れになり、ここに落ちてしまったのでしょう。僕はガジェット好きなので、一瞬「すげ！」と気持ちがアガりましたが、今回の探し物はこれじゃありません。

それにしても、持ち主は相当なショックだったことでしょう。なんたって二十万円もする、ガチなドローンですから。妻ちゃんよ。エラいもの発見してしまったね。

そんなこんなで予定の二時間が終了しました。我が家の収穫は、娘が見つけた小さな骨のかけらと、妻が見つけた墜落ドローンだけでした。シカの角は発見ならず。無念。

でもツアー全体では、大きなシカの角一本と、いくつもの骨が見つかりました。やっぱり、あるところにはあるんです。

個人的には不完全燃焼ですが、まあ、他の人が発見するのを見られただけでよしとしましょう。うちは、ドローンを見つけたし。やや困った表情のうたえもんさんから「これ、どうします？　持っていきますか？」と聞かれ、「いや結構です」と処分を託してきましたが。

参加賞は、シカの肉でこしらえた犬用ジャーキーでした。たいして働かなかったくせに、愛犬クウは大喜びでたいらげました。まったくかわいいやつだ。

最後に、うたえもんさんから伝言です。

DJI社製のドローン墜落機体。

林道や登山道を外れた場所を歩くと、崖や獣（近くにはクマもいる！）など多くの危険要因があるため、勝手に山へ入りシカの角を探す行為は、決してしないでいただきたいとのこと。THE HIGHEST PEAKのツアーは近隣住民や組長、有害駆除をしている猟友会の了承を得たうえで、ガイドが安全に配慮して催行しているのだそうです。

16 誰でも立ち入り可能な陸上自衛隊実弾演習場を、100倍楽しむ方法

自衛隊のガチな演習場なのに、一般人が立ち入りできる理由

人は誰しも、「毒に侵された苦しみの荒れ地を一人さすらいたい」、「V8エンジンを唸らせ、砂嵐吹きすさぶ大地をぶっ飛ばしたい」みたいなディストピア幻想に襲われることが、たまにあるじゃないですか？　にわかにそんな気持ちになった僕は、願望を満たすべく行ってみることにしました。山中湖村にある山のマイホームから車で十分。我が心のウェイストランド、陸上自衛隊北富士演習場へ。

富士山の麓《ふもと》には二つの広大な自衛隊演習場があります。ひとつは富士山東麓《とうろく》、静岡県御殿場市・小山町・裾野市にまたがる東富士演習場。そしてもうひとつが、北麓《ほくろく》の山梨県富士吉田市と山中湖村にまたがる北富士演習場です。

両者ともに陸上自衛隊と米軍海兵隊が共同使用している、大規模な実弾演習場。山の家にいるとたまに、大きな音や地響きが伝わってくることがあり、はじめは雷か花火と勘違いしますが、家からほど近い北富士演習場で用いられている砲弾によるものなのです。

そんなやや物騒な現場は、自衛隊や米軍が訓練オフになる主に日曜日、地元住民に解放され、自由に立ち入ることができます。演習場のある富士山の山麓地帯は、〝入会地《いりあいち》〟だからです。入会地とは、古くから住民の共同利用権が認められている山林や原野のこと。村や部落など中世の共同体住民や荘園の領民は、総有する一定の山林・原野・湖沼・河川などで、放牧・狩猟・漁労・果物やキノコ、山菜の採取・伐木《ばつぼく》・採薪《さいしん》などをおこなうことができたのだそうです。

その昔、おじいさんが柴刈りや竹取りに行った山も、おばあさんが洗濯したりXLサイズの桃を回収したりした川も、きっと当時の入会地だったのでしょう。自衛隊や米軍が来るずっと前から存在する住民の慣習的権利は、今も尊重されているわけなのです。

微妙なのは僕のようなデュアルライフ民です。入会《いりあい》はもともと、先祖代々その土地で暮らす人たち限定で認められた権利。移動の激しい現代社会ではもはや、先祖代々かどうかはあまり問われないようですが、少なくともその地域に居住している人のみが対象です。住民票が東京にある我が家のような半端なデュアルライフ組に、その権利はありません。

が、ある手段をとれば、入会権《いりあいけん》のない一般の者も山に入ることができます。入会地を管理している組合に申請し、〝入山鑑札〟というものを発行してもらえばいいのです。富士登山をするときもこうした鑑札が必要なので、ご存知の方も多いかもしれないです。

入山鑑札をもらうため訪ねた、組合の事務所で待っていた試練

そんなわけでまずは、富士吉田市《ふじよしだし》外二ヶ村《ほかにかそん》恩賜県有財産保護組合《おんしけんゆうざいさんほごくみあい》役場《やくば》という早口言葉のような施設を訪ねます。こうしてしっかり下調べし、申請しようとしている時点で、ディストピアでもなんでもないのですが、こういうのはちゃんとやらなければなりません。役場事務所で職員さんにおずおずと「あのー、入山鑑札をいただきにきたんですけどぉ……」と声をかけます（こんなマッドマックス、いたら嫌ですね）。

対応してくれたのは、中学校の教頭先生タイプの、真面目そうな初老男性職員。メガネの奥の鋭い眼差しで僕の風体を一瞥すると、低いテンションで「どうぞ」とデスク前の椅子を指し示します。そして「どこの山に入ろうとお考えですか?」と尋ねられました。急に面接みたいなのが始まり、ソワソワしてしまいます。

僕「え、あのー。北富士演習場に」

教頭「なるほど。私どもの管理地です。どんな目的で?」

ヤバい。なんか、冷や汗が出てきました。この教頭先生に対し、怒りのデスロードがーとか、爆裂都市《バーストシティ》がーとか、レプリカントがーなんて答えても埒が開かなそうです。

「はあ、なんと言いますか。あのその。自然や景観を楽しむために。写真など撮ろうと思っていまして」

しどろもどろで、でもできる限り正直に答えました。

「わかりました。実はですね……」

教頭先生の説明によると、他所から来て演習場に立ち入ろうとする人に、危険なオフロード走行目的が多く見受けられ、大変な問題になっているとのこと。未舗装路を猛スピードで走る彼らによる事故も多発していて、警察も入り厳重警戒をしているということでした。まあ、道なき道を走ってみたいという目的は一緒です、サブカル派の僕のメンタルはオフローダーのそれとはまったく違い、危険運転をやりたいなどと思っちゃいません。

(滅相もない。そんな危険人物に見えますか?)と、目で必死に訴える僕に、教頭は「あなたのクルマ、車種はなんですか?」と冷静に詰問します。スバルXVであることを伝えると、教頭の顔色は一瞬さらに険しくなりました。

「四輪駆動車はすべて警戒対象になっています。鑑札は発行しますが、現地で警察に声をかけられたりするかもしれませんのでご承知おきを。そしてくれぐれも、そういった危険行為はなさらないように」と釘を刺されました。

「はい、もちろん！　大丈夫です」

思い切り爽やかな表情と声色をつくり、模範的な態度で教頭先生の面談をなんとか切り抜けました。マッドマックス感はますます薄まりましたが、背に腹は変えられません。

でも、「不発弾が落ちているかもしれないので、金属片には触れないでくださいね」という教頭先生の言葉に背筋がゾワっとし、ディストピアに向かう気分が少しだけ復活しました。

やって来た果てしなき自由の大地＝北富士演習場の楽しみ方

手数料200円也で「入山鑑札」という名のディストピアへのパスポート（一ヶ月間有効）をゲットした僕は、さっそく北富士演習場へと向かいました。旧鎌倉往還である国道138号線を富士山側に折れ、東富士五湖道路のガードをくぐると、演習場のゲートが見えてきます。普段、一般車両はここまでしか行けませんが、今日は立入日《たちいりび》のためゲートは開いており、受付も何もなくフリーパスで演習場へと入ることができました。あとはまったく自由に、4597ヘクタール、つまり東京ディズニーリゾート約四十六個分という、異様にだだっ広い原野の中を走り回ることができます。

場内はダート道が縦横に張り巡らされていますが、カーナビに表示されないし、ところどころ設置されている案内表示は自衛隊の中の人用の非常にざっくりしたものなので、基本的に自分が今どこを走っているのか、さっぱりわかりません。後から調べたところによると、Googleマップの航空写真表示を使えば、ある程度の道はわかるそうですが、そんな知恵は浮かばなかったので、僕はただ闇雲に走り回りました。

でも、自分の勘だけに頼って走っていると、当初の「毒に侵された苦しみの荒れ地を一人さすらう」という妄想に浸りやすく、なかなかいい感じです。僕の車に搭載されているのはV8エンジンではなく、水平対向四気筒エンジンですが、さすがは走破性に定評のあるスバルだけあって、ダート道を快調に走ってくれます。

数多い不発弾に関する注意書きだけではなく、「戦車射場」「RL(ロケットランチャー)射座」「弾着区域　危険」などという標識に、男心がいちいちざわめきます。

やや薄曇りの日でしたが、富士山や山中湖の眺めも素晴らしく、「ああ、来てよかったな~」と晴れやかな気分になりました。

やって来ました北富士演習場

ただ納得いかなかったのは、確かに教頭の言っていたとおり、オフロード走行目的の人たちの多いこと。っていうかゲートもフリーパス状態だったし、あの人たちそもそも入山鑑札をもらっているのか？　と訝しく思いました。先生にきちんと話にいった人だけが、なぜか職員室で説教を食らうという〝優等生あるある〟パターンではないか！

そんなことを考えていたら、せっかくの気分がモヤモヤしはじめたので、カーオーディオでバカやかましいハードコアパンクや、最近のマイブームであるインダストリアルミュージックを大音量で流し、窓全開で走り回りました。もちろん安全な速度で。そしたら、あら不思議。気分は再びスッキリ。

禁忌されているオフロード走行ばかりがここの楽しみ方ではありません。たまにすれ違う車以外、見渡す限り誰もいない原野なので、僕のような音楽好きは爆音で曲をかけるとめちゃくちゃ楽しく、いい気持ちになれます。大声で歌ったり、思い切り楽器を弾いたとしても、誰にも文句は言われません。野鳥や植物、昆虫観察、山菜採取……、それにコスプレマニアには絶好の撮影ポイントがたくさんあります。

キャンプや火気の使用はNGとか、一定の制約はありますが、十人十色の楽しみ方が必ず見つけられる場所なので、ぜひ一度行ってみることをおすすめします。その際は教頭先生へのご挨拶、つまり入山鑑札取得を忘れずに。

17 10センチ超の巨大なクモも出現。山の家では避けられない虫の話

快適至極な避暑地の夏も、虫が苦手な人にとっては地獄なのかもしれない

山の我が家がある山梨県・山中湖村は、間近に富士山がそびえ立ち、一帯には豊かな自然が広がっています。村のほとんどは標高1000メートル前後の高原に位置し、真夏でも最高気温が三十度を超えることはほとんどありません。八月の平均気温は東京より約七度も低い二十度前後で、窓を開ければいつも心地よい涼風が吹き込んできます。日本の夏を過ごすには最高の避暑地と言っていいでしょう。

でも今回は、そんな素敵な側面の影に隠れた、夏のリアルな話をしたいと思います。虫についてです。山中湖村に限ったことではありませんが、虫が苦手な人にとって夏の田舎暮らしは、ある種の苦行になります。

「山の中だもの、外に出りゃ虫くらい出るでしょ」と思う人もいるでしょう。もちろん、子供に大人気のクワガタやカブトムシ、美しいチョウ、鳴き声に風情を感じるセミやスズムシなどもたくさんいますが、お話ししようと思っているのはそんな好感度の高い虫のことではありません。夜中に枕元を駆け回る巨大グモや、不意打ちで五十センチ超のジャンプをかましてくるカマドウマなど、いわゆる不快害虫のことです。おセレブがお住まいの機密性が高いゴージャスなお別荘ならいざ知らず、庶民の我々が住む、山小屋に毛が生えた程度の家には、虫がガンガン攻め入ってくるのです。

子供の頃は平気だったのに、大人になると虫が苦手になる人も多いようですが、僕自身は昔も今もまったく平気。いや、むしろ積極的に絡んでいきたいタイプです。だから虫におののく家人や客人の叫び声を聞くたび、嬉々として出動します。そんな一人バグ・バスターズとして活動してきた僕が経験から学んだ、虫についてのあれこれをお伝えしたいと思います。

家の中に出る四天王。クモ、カマドウマ、ヤスデ、カメムシ

クモとカマドウマに加え、家の中ではヤスデやカメムシもよく見かけ、僕は彼らのことを四天王と呼んでいます。弱肉強食な家虫界《いえむしかい》の中で、恐らく生態系ピラミッドの頂点に立っているのは巨大

なアシダカグモ。日本の人家に生息するクモの中では最大種で、網を張らずに暮らす「徘徊性《はいかいせい》」という性質を持っています（ちなみに網を張って獲物がかかるのを待つクモは、「造網性《ぞうもうせい》」というそうです）。

アシダカグモは十九世紀後半に日本へ移入してきた外来種で、本来は熱帯～亜熱帯が生息地。その出自は、彼らを一度でも見たことがある人なら納得するでしょう。家の中をうろつくアシダカグモの姿は、〝やや可愛げのあるタランチュラ〟。脚を広げると十センチ以上にもなる特大個体が走ると、パタパタパタパタと足音が聞こえてきます。

クモですからもちろん肉食で、家の中で捕食活動をしています。一般的にアシダカグモの主食はゴキブリとされていて、実は衛生害虫を食べてくれるありがたい存在なのです。

でも山中湖は北海道と同じような気候なので、ゴキブリは出ません。彼らがハンティングをした残骸を見るに、我が家で獲物になっているのはもっぱらカマドウマのようです。別名〝便所コオロギ〟とも呼ばれるカマドウマは、成虫でも翅《はね》を持たず、極端に長い後脚で凄まじいビッグジャンプをするバッタの仲間です。湿気のある場所を好む彼らは、我が家の半地下にある倉庫の中で群れをなしていて、ここを拠点にしつつ、しばしば家の中にも侵入してきます。

ジブリの名作アニメ『借りぐらしのアリエッティ』では、主人公のアリエッティがカマドウマとともに走るシーンや、スピラーが食料として携帯しているカマドウマの脚を見せるシーンが印象的に描かれています。田舎の家では実にポピュラーな存在のカマドウマは、見ようによってはゴシック調の素晴らしい造形でかっこいいのですが、嫌いな人にとってはゴキブリに負けず劣らずのヤバさのようです。

真冬以外の通年、家の中で見かけるアシダカグモとカマドウマの捕獲には、捕虫網を使用します。アシダカグモは無闇に素手で捕まえると、巨大なアゴで噛み付くことがある（もちろん無毒）のだそうです。一方のカマドウマに害はありませんが、とにかく逃げ足が速いので網を使わないと捕まえることができません。

この話、本当に求められているという自信はないのですが、せっかくはじめてしまったので続けます。

ヤスデは初夏から大量発生します。たくさんの脚を持つ虫としてはムカデとヤスデ、ゲジゲジがいて、混同している人も多いですが、大型で毒を持つものが多いムカデや、長い脚を持つゲジゲジ（ゲジゲジは通称で標準和名は「ゲジ」）と違い、家の中にいるヤスデは可愛いものです。よく見かけるのはヤケヤスデという種類で、体長は二センチほどしかありません。指でつっつくとクルクルと体を丸める、なかなかファニーなヤツなのです。

以前は素手で捕まえていましたが、つかんだ指先の匂いを嗅ぐとこれがまあ臭いのなんの。非常時に体の側線から臭い分泌液を出す性質があるらしいのです。液体には軽い毒性もあるようですが、目に入ったりしなければほとんど問題はありません。でもこの独特の臭いだけは、一度嗅ぐと忘れられないほど強烈なものです。だから今は、必ず割り箸でつかむことにしています。

臭いといえばカメムシです。よく見かけるのはハサミツノカメムシとクサギカメムシ。のんびりしているし、外見もなかなか見どころのある彼らですが、ご存知のように刺激すると強烈な臭気を発するので、見かけたらそっとティッシュでつかみ、お引き取りいただくようにしています。

平和な虫ばかりではない。人に害を及ぼす最悪の危険昆虫はしっかりと退治

これらの虫は基本的に屋外で繁殖しているはずなのに、家の中にビシバシ侵入してきます。窓を開け放しているわけでもないのになぜ？　と不思議に思いますが、僕は基本的に彼らと同居しても構わないので放置しがち。しかし家人がギャーギャーうるさいので仕方なく調べたところ、どうもわずかな連絡路を通じ、屋内に入ってきているようです。主な侵入ルートは排水溝や換気口。そして天井に埋め込まれたダウンライトの隙間などのようです。

通称"ハチカップ"で捕らえたスズメバチ

特に虫の影が濃いのは風呂場です。何週間か開けて山の家に来ると、風呂場のタイルの上や空っぽの浴槽の中に、カマドウマのバラバラ惨殺体や、のんきに獲物を待ち構えているアシダカグモに遭遇します。おそらく湿気を好むカマドウマが排水溝を使って侵入し、それを追ってアシダカグモもやってくるのでしょう。

それに気づいて以降、山の家を発つときは浴槽にしっかりと栓をし、洗い場の排水溝にもフタをするようにしてみました。すると、彼らの侵入はぐっと減ったように思います。

ここまでご紹介してきた虫は、人によっては大きな不快感を覚える存在ですが、大した害はありません。ゴキブリよりずっと可愛げがあるし、不潔でもないので僕はむしろ快く思っているほどです。でも庭には本当にヤバいヤツも現れます。毎年、庭木の一本に大きなスズメバチが集まってくるのです。そのたびにスプレーなどで追い払っていましたが、女王蜂らしき巨大な一匹が腰を据え、いよいよ巣作りを開始しそうになったときは、ご近所さんから伝授された必殺技を試してみました。

スズメバチが群がる木に、市販されているカップ状の捕獲器を吊るしてみたのです。設置から3週間後、カップを木からおろして中身を確かめると、見事に大量のスズメバチが捕獲できていて、蜂スープになっていました。スズメバチの中でももっとも危険な、オオスズメバチだったようです。

女王らしき特大サイズも発見。虫も殺さぬいい男な僕ですので、本当は殺生をしたくはないのですが、直接的な危害を及ぼすこいつらだけは別です。迷わず成仏してください。

多すぎる持ち物が問題なのだ！

犬を連れて朝の散歩。ハッと立ち止まるほど美しい木漏れ日が

「エサ箱」と揶揄されるが、僕には宝の山に見える

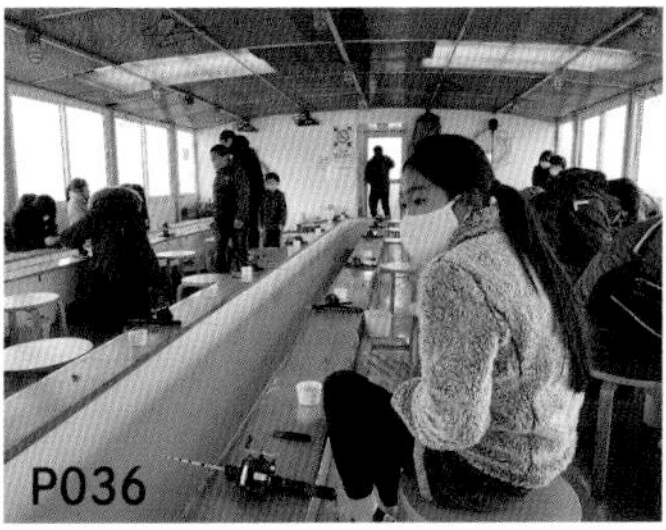

ワカサギ釣りドーム船の中。お膳立てバッチリ

震えながらなぜか見入ってしまう『シャイニング』

我が家の庭のスイセン。横にはシカの落とし物も

穏やかに見える富士山だが

マミヤC 33 プロフェッショナルで撮影した山中湖

異様に美味なホットサンドができたのだ

シカの角を発見した甲斐犬コウくん

タンデムで沖に漕ぎ出す子供達

枯死してしまったペンションの木。一部の葉はまだ緑だがしおれている

YAMANOIE
SATO FAMILY
SINCE 2017
ADVENTURE
LIFE
FARM
LAKE
CAMPING
忍野八海
石割の湯
OGINO
富士
の湯
やどりぎ
群生地
訪神社
きららプラザ
Yamanakako
山中湖村
山の家
BungakuNoMori

Kawaguchiko
月江寺
ケーヨー
デーツー
HARD OFF
富士吉田市
CAINZ
浅間神社
Kitafuji enshuujo

我が家で大人気の昭和の遊具「バスケットピンポン」

ヤマトタケル伝説が残る大塚丘

額に飾った絵のような、ビジネスホテルの窓から見えた紅富士

山中湖村に隣接する富士吉田市街地と富士山

山中湖畔のヤドリギ

月江寺界隈の洋品店にあったマネキン。怖いって

月江寺界隈のカフェー建築

この犬のためにも、デュアルライフをはじめて良かった

スキージャンプ台と化した我が家の外階段

念願かなって山の上でトランペットを吹き鳴らす

カインズで買い込んだドッグラン用のフェンス一式

庭に張ったテントでまったりと過ごす雨の日

18 夏の大冒険！ カヤックは湖上で楽しむ最強のウォーターアクティビティ

新規導入したインフレータブルカヤックで、手軽に楽しく湖上散歩

世間がお盆休みムードに包まれはじめた八月某日、山の家にもっとも頻繁に泊まりにくる高校時代からの友人一家が、二泊三日の予定で遊びにきました。我が家の一人娘と一歳違いの娘がいるので、遊び相手にちょうどいいのです。今夏の我が家には、最強・最新のレジャー兵器が導入されています。自家用カヤックを買ったのです。

メーカーはキャプテンスタッグ、機種はラグーン２。パドルなどの周辺用品を加えても十万円を優に切る手頃な初心者向けですが、そこまで本格的にやる気のない我が家の民には必要十分な性能のカヤックです。

一口にカヤックと言っても、いくつかの種類があります。テントのような金属フレームで組み上げる本格的なものではなく、ラグーン2はインフレータブル方式。付属のポンプで空気を入れて膨らますもので、要するにゴムボートの類です。インフレータブルカヤックは準備が簡単なうえ、比較的コンパクトに収納できるので置き場所に困らないなどの利点があります。一方で、水面にぽっかりと浮かぶ形状のため、波風に流されやすいという弱点があるそうです。つまり海や激流の川には向かないカヤックなのですが、我が家の場合は山中湖村の家に常備し、湖以外で乗るつもりはないので、これで十分というわけです。

湖畔に運び、さっそくポンプで膨らませます。ポンプはなかなかパワフルで、パンパンに膨らませるのにたいした時間はかかりませんでした。

初めて水に浮かべるわけですから、進水式を忘れてはいけません。友人にコンビニで買ってきてもらったワインを舳先にジャバジャバとかけ、「かしこみかしこみ～」と超我流の安全祈願。これでよし。いざ、山中湖へと漕ぎ出します。

ちなみに、昨年も同じ頃に遊びにきた友人一家とともに、我が山の家から車で小一時間走った先にある本栖湖まで行き、みんなでレンタルSUPをやりました。富士五湖の中でもっとも西に位置する本栖湖は、抜群の透明度を誇る静かで綺麗な湖で、ウォーターアクティビティに最適です。本栖湖は西湖とともに、条例によって動力を持つ船の航行が禁止されています。そのため機械油などが水に混ざることもなく、また湧き水のみが源泉なので素晴らしい水質が保たれているのです。

しかし今回は初めてのカヤック体験で若干の不安があったので、本栖湖には行きませんでした。山中湖ならもし万が一沖に流されて、にっちもさっちもいかなくなったとしても、誰かに頼めばモーターボートでピューっと助けに来てくれるはずなのです。

犬にも子供にも大人気！　不沈カヤックは安定感抜群ゆえに安心して遊ぶことができる

マイカヤック・ラグーン2は、想像以上に快適な船でした。どんなものかな~と様子を見ながら恐る恐る乗り込んでいると、何にでもグイグイと鼻を突っ込んでくる愛犬が走ってきて、さっそく前のシートに飛び込んできました。そんなこともあろうかとあらかじめ用意していた犬用ライフジャケットを着させて一緒に沖へ乗り出すと、まあ愉快なこと。

シートクッションを含め空気室は六つに分かれているので、もし沖でどれかがパンクしたとしても沈没する心配はなく、岸まで帰ってくることができるようです。もちろん乗るときはライフジャケットが必須ですが、このカヤックは安定感抜群なので、よほどのことがない限りエマージェンシーに陥ることはないでしょう。子供にも安心して貸すことができます。

我が娘と友人宅の娘、女の子が二人で「よし、あそこの岸まで」などと目標を定めてパドルを漕いでいる様子を見ていたら〝十二歳、真夏の小冒険！〟という感じで実に微笑ましい気分になりました。水中に落下するのが前提のSUPもまた楽しいのですが、真夏にしか遊べません。その点、カヤックは乗り込む際の浸水さえ気をつければ、水に濡れずに遊ぶことができます。夏が終わって紅葉の季節になったら、湖の真ん中から山の景観を楽しむこともできるでしょう。年によっては湖面が部分的に氷結する真冬はさすがにその気にはならないでしょうが、春は湖上から花見も楽しめそうです。

お弁当やコーヒーの水筒を積んで漕ぎ出し、湖上ピクニックとしゃれ込むのもまた楽しからずや。もちろん、山中湖名物のワカサギ釣りも計画しなければ。

ああ、夢が広がる。いいもの買ったぜ。

なぜかテレビ視聴時間が長くなる山の家。マイブームはネットフリックスで寅さん鑑賞

閑話休題。

東京の家で暮らしているときには、テレビをあまり見ません。若者のテレビ離れなどと言われて

久しいですが、おじさんも昔に比べるとずっとテレビから距離を置いています。もちろん最新情報収集のために、ニュースや朝の情報番組を見たり、ピンポイントでお気に入りのドラマやバラエティを見たりすることはありますが、一日中とりあえずテレビをつけっぱなしにするというようなことは一切ありません。

ところが山の家で過ごしている間は、東京にいるときに比べてずっと長くテレビをオンにしている気がします。基本的に仕事などに追われていないゆったりスケジュールのタイミングで来ているという理由が大きいのでしょう。東京では隙間時間にタブレットやPCでサクサクと見ることが多いサブスク映画も、山の家では家族揃って楽しめるタイトルを選び、大画面のテレビで鑑賞します。

最近のマイブームは、Netflixで全タイトルが揃っている『男はつらいよ』です。親が好きだったため映画館へ連れていってもらったり、テレビで放送されたものを録画したVHSビデオが家にあったりしたため、一通り観たことはあるのですが、山の家のテレビで第一作から順に見返してみたら、どっぷりハマってしまいました。

『男はつらいよ』を観ていると、新鮮な驚きの連続です。今となっては炎上間違いなしの、反社会的勢力に片足を突っ込んでいる男が主人公というのがまずありえないのですが、詰め込まれたギャグが制作から五十年以上経過した今でも十分に笑えるのも驚きです。

愛犬も"カヤックドッグ"デビュー

落語と同様、きっと日本人のDNAに刻まれているような笑いのツボが押さえられているのだと思います。今のところ僕の生まれ年である一九六九年公開の第一作から、一九七二年公開の九作目までしか観られていませんが、映画の中に映されたその頃の日本の慎ましやかな庶民の生活や東京の街並み、旅先の汽車や民宿などの風情も、まるで異国の風物を見るような気持ちで楽しむことができます。

そして初期『男はつらいよ』で特筆すべきは、寅さんの腹違いの妹・さくら役である倍賞千恵子のけなげな美しさです。子供の頃に見ていた際には、自分の母親と同世代である彼女に何も感じるものはなかったのですが、この歳になって若き倍賞千恵子を見ると、実に胸に迫るものがあります。

ウィキペディア情報によると、テレビドラマシリーズからはじまった『男はつらいよ』の企画段階での仮タイトルは『愚兄賢妹』。愚かな兄＝寅次郎と賢明な妹＝さくらの対比が最大のテーマとなる話だったわけです。そんな賢くて美しく、慎ましやかで明るく、兄思いの優しい妹を演じる俳優として、山田洋次作品でスクリーンデビューをしていた〝下町の太陽〟こと倍賞千恵子以外は考えられなかったのでしょう。

などと頼まれもしていないうえに、とっくの昔に語り尽くされている寅さん論を、薄口で書き連ねてもしょうがないのですが、いまの僕の山の家生活、夏の夜長に欠かせなくなっている『男はつらいよ』について、どうしても書いておきたかったのです。ちなみに中一の娘にも無理やり観せてみましたが、寅さんが葛飾柴又のとらやに入りづらそうに帰ってくる超ワンパターンのくだりなどで、声を出して笑っていました。

やっぱり普遍の面白さなのでしょう。偉大だな〜。

19 ゾンビ化する大木と殺人キノコ。富士のふもとで静かに広がる異常事態とは

葉が生えそろったのに、急速に立ち枯れしてしまった大木に一体何が起こったのか

その異変に気づいたのは、夏が始まる頃でした。

山梨県・山中湖村にある我が山の家のお向かいには、一棟貸しの瀟洒なペンションが建っています。建物の横には、立派な枝ぶりのシンボルツリー。恐らくこの周辺に多く生えているクヌギかコナラなのでしょう。道路を挟んで我が家の庭にも面したところに生えている大木なので、今年も長い冬が終わって若葉を芽吹き、新緑から徐々に緑を濃くする季節の変化を楽しんでいました。

ところが、梅雨が明けた頃のことです。たわわに蓄えたその木の葉が、全体的にくったりとしおれてきていることに気づきました。葉の色も、周囲の樹木の生気に満ちたつややかな緑とは明らかに違い、ひどくくすんでいます。

最初は「あれ、変だな」と少し気になる程度でした。しかし、日をあけて山の家を訪れて見るたび、木の葉の変化は著しく、やがてほとんど枯れ果ててしまいました。どうやらその木は、わずか一ヶ月あまりの間に枯死してしまったようなのです。

幹の太さから見て、樹齢数十年は経過した木だったはず。長年にわたって風雪に耐えてきた立派な大木が、なぜこれほどあっという間に死んでしまったのか。

オーナーさんに尋ねると、原因は〝ナラ枯れ〟という病気でした。この周辺では、ナラ枯れが急増しているのだそうです。なんとなく耳にしたことがあったナラ枯れという言葉を、そのとき初めてはっきり意識しました。

ナラ枯れは数年前から多く見られるようになり、県や村でも対策に追われているようです。山の家には束の間の休息、息抜きのために来るデュアルライフ民ですので、良いところ、楽しい側面ばかりを見てしまう傾向にあることは自覚しています。村が直面しているこんな喫緊の問題にも気付いていなかったことは、率直に反省しなければなりません。

ナラ枯れを見かけたら、村役場への通報が求められています。さっそく点検したところ、今のところ我が家の庭木はいずれもまだ大丈夫でしたが、いつナラ枯れ被害の当事者になるかもわかりません。急に心配になってきた僕は、家の周辺も調べてみることにしました。

すると、感染拡大は一目瞭然でした。隣の空き地に生えている木は二本。同じ通り沿いにある二軒先の家の庭木も、そのお隣の庭木もそれぞれ一本ずつ枯死しています。ほかにも至るところに、ナラ枯れ樹木があることがわかりました。人間の目というものは、見ようと思っているものしか見ていないことを痛感しました。僕の脳の照準が合ったとたん、すぐ周辺にまで迫っている危機をはっきり自覚できたのです。

キクイムシが運び込む菌によって起こる樹木の伝染病だった

ナラ枯れとは、六月上旬頃から木の幹に巣食う、カシノナガキクイムシという体長五ミリ程度の小さな甲虫によって引き起こされる樹木の伝染病。カシノなんとかムシはナラ類やシイ・カシ類などの、太い幹を持つ木をターゲットとし、自分たちの餌となる菌とともに「ナラ菌」と呼ばれる病原菌を運び込みます。

持ち込まれたナラ菌は、ムシによって穿たれた坑道を伝って樹内に広がります。ナラ菌が感染した部分の細胞が死ぬと導管が目詰まりし、通水障害を起こします。かくして七~八月頃には葉がしおれて枯死に至ります。木の中で卵からかえり、羽化、成長した新成虫は翌年六月、ナラ菌を持って立ち枯れた木を悠々と脱出。健全な樹木に飛来して巣食うことで、被害がどんどん拡大するのだそうです。

ナラ枯れで死んだ樹木は、枯葉の色が特徴的です。秋になって自然に枯れた葉のような明るい茶ではなく、なんとなくまだ湿り気を帯びたような赤茶色をしているのです。

枯れてもすぐに落葉しないのもまた特徴です。死んだ木は枯れ葉を茂らせたまま、緑の葉を蓄える周囲の健全な木の間で、恨めしそうに立ち尽くしています。その姿はまるで幽霊かゾンビ、あるいは落武者のようで、見ていると背筋がゾクッとします。

敵の猛攻を受けて立ったまま死ぬなんて、まるで武蔵坊弁慶の最期のようで。実に勇ましくも悲しいお話ではありませんか。

立ち枯れた木に近づいてよく見ると、幹の下の方にはカシノなんとかムシが侵入した痕跡である小さな穴、そして木の皮の間や根元には、細かなパウダー状のものが貯まっています。これは「フラス」と呼ばれる、カシなんちゃらムシの排泄物と木くずが混じったもの。ヤツらは宿主である樹木がゾンビ化した現在も、この樹幹の奥深くでぬくぬくと暮らしているのです。

恐ろしや。

ナラ枯れは周期的に流行と衰退を繰り返す樹木の疫病で、ここ数年は山梨県以外にも、本州を中心に日本各地で大量発生しているようです。多くは人が住まない山中で発生するし、放置していても自然に収束するので、あまり積極的な対策は打たれないようです。人里の木がやられると枯死した木が倒れたり枝が落ちたりして人的被害が出る可能性があるので、行政によって伐り倒され、虫ごと燻蒸して始末するようです。山中湖村では予防的措置として、虫を捕獲する粘着シートを役場で配っています。

我が家の庭にも、ターゲットとなるクヌギが何本も生えています。来シーズンのムシさん飛来の前に、必ず対策をしようと思っています。

ナラ枯れとセットで蔓延する、日本一ヤバい猛毒キノコ

そして、ナラ枯れに関連するもうひとつの大問題についてです。枯死した木の根元を見ると、気色の悪いクリーチャーのような外見の、赤いキノコがチョロチョロと生えています。一見して明らかにヤバそうなので、さすがに取って食おうという気など起こりませんが、これが想像以上の恐ろしさ。

燃える炎のような形から、カエンタケ（火炎茸、火焔茸）と名付けられているそのキノコは、日本

一とも噂される猛毒を有しているのです。コイツは数ある毒キノコの中で唯一、汁に触れただけで皮膚がただれてしまうそうです。致死量は三ミリグラム、つまりティースプーン半分ほどの量です。誤って食した場合は直後から唇がただれ、大きな口内炎ができ、食後十分から発熱・悪寒・嘔吐・下痢・腹痛・目眩・手足のしびれ・言語障害・血圧低下などの激烈な症状が発生。その後は高熱・消化器不全・肝不全・腎不全・呼吸器不全・脱皮・脱毛・びらん、そして小脳萎縮による運動障害など脳神経症状が起こり、死に至るそうです。まるで中毒症状の役満。……恐ろしや。

カエンタケは村でも厳重注意を呼びかけるほど危険なものですが、そんな殺人キノコなんて、全然知らなかったという方もいるでしょう。それもそのはず、カエンタケはやや珍しいキノコで、見つかると新聞の地域版に載って騒がれるほどの存在なのです。ところがどのようなメカニズムにあるのか文系の僕には説明できませんが、ナラ枯れで枯死した樹木の根元に高頻度で発生するので、ナラ枯れの流行とセットで地域に蔓延してしまうのです。

このキノコを「食べてみた!」とやって死んでしまったお調子者のYouTuberがいたというのは都市伝説にすぎないようですが、過去には本当に、酒に浸けて飲み、死に至った人の例もあるとか。我が家の隣の空き地にある二本のナラ枯れ樹木の根本には、この殺人キノコがすでにたくさん生えています。

可愛いと言う人もいるが気色悪い

さすがに取って食おうと思うやつはいないだろうと書きましたが、我が家にはちょっとおバカなワンコが一匹います。いくらダメだダメだと言っても、山の家に着いたら我を忘れて猛ダッシュ。家の境界を超え、隣の空き地の枯葉の上を気持ちよさそうに散策したりしていることがあります。んもう!! チョー心配!!

触れるのもヤバイから迂闊に抜くことはできないし、胞子が飛ぶシーズンは離れていても目や鼻の粘膜がやられるという情報もありました(信憑性にはやや疑いありですが)。

どうしたものだろうか。保健所に連絡すれば、なんとかしてくれるのかな?

20 〝昭和レトロ〟をディープに味わうなら、ちょっと古い別荘用住宅が最高

我々が青春時代を過ごしたあの１９８０年代が〝レトロ〟とはこれいかに？

ここのところ巷はめっきり昭和レトロブーム。ファッションはちょっと前からエイティズテイストが流行っているし、音楽はシティポップやあの頃のアイドル歌謡が再評価されています。永井博や鈴木英人のイラストがプリントされた雑貨を持ち、フィルムカメラを使って写真を撮り、音楽をアナログレコードやカセットテープで聴くのがオシャレ。

中一の娘に付き合い、お財布係としてファンシーショップ（って死語？）に行くと、恐ろしく懐かしいタッチのイラストが描かれた文具が並んでいて驚きます。もっとも〝懐かしい〟というのは、昭和時代に十代のすべてを捧げた、ぎりバブル世代な僕ら、またはそれ以上の歳の人の感覚で、昭和などツユほども知らぬZ世代の娘は、そうしたものをただ新鮮に受け止め、素直に楽しんでいるよ

うに見受けられます。

そういえば西武園ゆうえんちも昭和の街並みを再現したテーマパークに生まれ変わりました。一九六〇年代後半に藤子・F・不二雄が、二十一世紀を舞台とする漫画『21エモン』で一種のギャグとして描いた、明治村のパロディである〝昭和村〟が、本当にできる時代になったわけです。などと、微妙にわかりにくいオヤジ的感慨にふけったりして。

えっと何の話でしたっけ？　そうそう。

いつの時代にも、過ぎ去りし日々の風物を愛おしむレトロマニアはいますが、これほど大きなブームになったのは一九八〇年代中頃以来のことだといいます。当時のことは僕もよく覚えています。宇宙百貨や文化屋雑貨店、となりのみよちゃんといったレトロ雑貨を扱うショップが大人気で、大昔の映画や歌謡曲が流行り、ネオGSという音楽ジャンルが誕生したりしました。

そして今どきは、僕らが青春時代を過ごした一九八〇年代がレトロ扱いされ、若い子を中心にブームとなっているのだから不思議なものです。「レトロ？　一九八〇年代なんて、ついこの前じゃん！」などというのは、典型的なロートル（これも死語）の戯言なのです。

昭和時代は長かったので、我々バブル世代は〝昭和レトロ〟というと、昭和三十年代かもっと前の時代を思い浮かべます。だから一九八〇年代頃の風物を尊ぶ今のブームは、正確には〝昭和レトロ〟

というよりも〝昭和末期レトロ〟と呼ぶべきじゃないかと思います。

昭和末期レトロブームはファッションからエンタメ、カルチャー、インテリアなどにまで及んでいますが、二十一世紀人の我々はそうした物事を、つまみ程度に楽しむのが普通でしょう。でも改めて考えてみると、僕が実践しているデュアルライフは、実はかなりディープかつリアルな昭和末期レトロライフだったりするのです。

狙ったわけではないのに、オプションとして勝手に付いてきた昭和的ギミック

我が山の家は、一九八〇年代に建てられた中古住宅です。おそらくこの家を別荘として建てた人は、典型的な昭和時代の小金持ちだったのでしょう。週末を都会の喧騒から離れてなるべく快適に過ごすため、昭和時代人として思いつく限りのコンフォータブルな仕掛けを施しているのです。

例えば……。和室には、掘りゴタツがあります。浴室には、小さなサウナがあります。リビングの床面に二箇所、ゴルフのホールカップが切ってあります。壁に備え付けられたダーツボードやレコード専用棚も、特筆すべきでしょう。僕は我が家のそうした昭和ギミックをとても気に入っていて、余すとこなく使い倒しています。

これから別荘を購入し、デュアルライフを考えている方にお伝えしたいのですが、我が家のようなちょっと古い物件は狙い目です。もちろん耐震性や水回りなど建造物としての性能がしっかりしていて、綺麗に使われていることは前提条件ですが、古い物件は価格が手頃なうえ、こうした懐かしくも楽しい昭和的ギミックに思いがけず出会えるのです。

容れ物が昭和の残り香を感じさせるものであるからか、我が家の場合はあとから導入したアイテムもレトロ調に偏る傾向があります。付け替えた玄関灯は古い街灯のような傘付きのものだし、岡本太郎作の籐製スツールもレトロです。

リサイクルショップで買った、これまた籐製のテーブル付きチェアもいい味を出しています。親の代から佐藤家の一大レクリエーションだった、昭和のスポーツ遊具「バスケットピンポン」（一九六五年に考案された和歌山県発祥のミニ卓球。台の両端中央に穴があり、打ち返したボールがノーバウンドで相手のバスケットに入ると二点が与えられる）は、山の家で一番人気のアトラクションです。山の家に似合うかな？　という観点で選んでいると、おのずとこうしたややレトロな雰囲気のものが集まってくるのです。

それにしてもオッサンの愉しみなんていうものは、時代が二十一世紀になり、平成から令和に移り変わっても、あんまり変わらないもの。中古レコード屋で買ったシティポップやＡＯＲのレコードを聴きながらパター練習をし、サウナに入ってととのったあと、ソファに寝転がって『ブラックジャック』などを読んでいると、しみじみそんな風に思うのです。

不完全燃焼のサマーホリデー。癒してくれたのはやっぱり昭和的アトラクション

それはそうと、今年の夏はどうにも不完全燃焼気味です。八月後半は長く山の家で過ごしましたが巡り合わせ悪く、なぜか来るたびいつも雨。本当は湖でカヤックにもっと乗りたかったし、釣りもしたかった。湖畔でピクニックもしたかった。そして今年はいよいよ念願の富士登山をしてみようかと、密かに考えていたりしたのです。

降りしきる雨空を見つめて唇を噛み、涙を飲んでそれらをことごとく断念。逃げ足の速い山中湖村の夏を、今ひとつ満喫することができませんでした。

仕方がないので家にこもり、シリーズ全作制覇を目指してNetflixで『男はつらいよ』を観たり、趣味のフィルムカメラのお手入れをしたり、家の中でラジコンを走らせたりけん玉をしたり、アーケードゲームのミニチュア版をプレイしたり、わずかな晴れ間には庭に設置したゴールでバスケットをしたりしながら過ごしました。

我が家のダーツボード

まあ、それはそれで楽しかったのですが、
やっぱり、とことん昭和的だよな～。

21 キャンプにトラウマのあるおじさんが、最新アイテムでリハビリ庭キャンプ

その昔、謎の集団に誘われて参加した人生初キャンプは苦い思い出となった

空前のキャンプブームである昨今、ホームセンターに行けば、ちょっと前には考えられなかったほど、キャンプ道具コーナーが充実しています。山中湖村に数多あるキャンプサイトは、休日ともなるとたくさんのテントが並び、大にぎわい。雑誌やテレビなどのマスメディアはアウトドアブームを煽っているし、SNSを覗くと昔はアウトドアなんて興味なかったはずの友人までもが、キャンプを楽しんでいるご様子です。

世の中の人のキャンプに対する精神的障壁が、かつてないほど低くなっているのは確かですが、僕はといえばいまだ頑なにキャンプを避けています。かつて一度だけ、テント泊をするちゃんとしたキャンプに参加したことがあります。しかしそれは、かれこれ三十年も前のこと。

たった一度のキャンプ体験は一九九三年の初秋、僕はまだ二十代前半で駆け出しの編集者でした。仕事を通して知り合った年嵩（と言っても、現在の僕と同じ五十歳前後だったと思いますが）の出版関係者から「身ひとつで来ればいいんだから」と半ば強引に誘われ、彼が所属するアウトドア愛好グループのキャンプ会に、全部お任せで参加したのです。

キャンプサイトにはチラホラと知った顔を含む十人くらいの年配男女と、僕のようにただ誘われて参加したのであろう三人の若者がいました。テントやタープの設営、焚き火の準備、食事づくりなどキャンプの基本ノウハウを教えてもらいました。そして日が暮れると、みんなでバーベキューをやってお酒も入り、焚き火を囲んで和気あいあい。初心者ながら「ああ、キャンプって確かに楽しいかも」と思いはじめたとき、会は妙な雰囲気になっていきました。

年配者の一人が焚き火の横でおもむろにアコギを構え、「ともよ〜」などと古のフォークソングを歌いはじめたのです。他のおじ&おばさんも、いつの間にか声を合わせています。

ははあ、と僕は察しました。先輩がたはその歳の頃から言って、反戦フォークや労働歌、ロシア民謡などに親しんだ〝うたごえ喫茶〟世代。安保闘争に身を投じた学生運動家あがりや、ヒッピーあがりの人もいるのでしょう。

そして僕は、先輩たちが繰り出す歌の中で、六〇年代のフォークソングならよく知っていました。

パンク好きとして反体制ロックの源流を探るうち、自分が生まれる前に流行った国内外の反戦フォークに興味を持ち、一通り聴いていたからです。同年代の友人にはあまり理解されない趣味でしたが、なるほど、このくらいの歳の人にはリアルなんだなと思って楽しくなった僕は、調子に乗っておじさんやおばさんと肩を組み、ギターに合わせ熱唱しました。岡林信康の『友よ』、ピーター・ポール&マリーの『パフ』、高田渡の『自衛隊に入ろう』、バリー・マクガイアの『明日なき世界』、ザ・フォーク・クルセダーズの『イムジン河』といった有名な反戦歌を。僕以外の若者三人は、その様子をただポカンと眺めていました。

何がしかのムーブメントを伴うカルチャーであれば、どんな思想を背景に持っていようとも面白いと思いがちな僕ですが、実はただのノンポリミーハー音楽マニア。でも諸先輩がたは「お、いまどき見どころのある若者だ」と誤解したようです。

のちに判明するのですが、そのアウトドア愛好グループというのは、出版業界数社のメンバーによって形成された左翼系サークル。業界に足を踏み入れて日の浅い僕ら若者は、オルグ対象者としてキャンプに誘われたようなのです。

白々と夜が明けるころ、僕はテントの中で一人、「あれはちょっとまずかったな」と後悔していました。テントのファスナーを開けてそろそろと外の様子をうかがうと、ヒゲづらの先輩が歯を磨きながら「おお起きたか、同志よ」と満面の笑顔で迎えてくれました。

屋外の非日常空間で一夜を共にすると、日頃は覆い隠されている人の本質のようなものが垣間見えることもあるのでしょう。

そこがキャンプのいいところと言う人もいるのでしょうが、僕は大いなる不安を感じ、それ以来「キャンプって怖ぇえ」と避けるようになったのです。

キャンプが怖い僕の背中を押したのは、役得でゲットしたアウトドア用品

山を愛しキャンプを好む後輩編集者に僕は、三十年前の出来事とともに「だからキャンプ怖い」と話したところ、「その体験は特殊すぎ。最近のキャンプは誰もギターなんて持ってきません。オルグもされません。ただ盛り上がって、飲んだくれて眠るだけです」と断言されました。それならいいかもなという気もするのですが、臆病おじさんの重い腰はなかなか上がりません。

それに、キャンプってわざわざ不便な思いをしにいくようなものですよね。設備が整ったキャンピングカーの旅なら僕も大好きで、何度も車をレンタルして家族旅行をしています。でも、オートキャンプ場やRVパークを予約したり、道の駅などの停泊場所を探したりする際、まず初めにチェック

する項目は、施設にきれいな温泉やシャワー、ウォッシュレットがあるか否かだったりします。とにかく、キャンプなどという野趣あふれる行動は、向いていないのです。

だけど僕には、いい歳して〝流行りもの大好き〟という側面もあります。だから流行りのソロキャンプならやってもいいかなー（ギターを持ち出す先輩もいないし）と揺れるおじさん心を抱え、考えたりつぶやいたりしていたら、仕事で長年付き合いのある名古屋の会社・ロイヤルさんからありがたい話をいただきました。

ロイヤルではこのほど、〝peace park〟というアウトドア用品ブランドを立ち上げ、さまざまなアイテムの販売を始めているということ。カタログから選んでもらえれば一式を提供するので、使って感想を教えてほしいというのです。

これぞ渡りに船！　こんな絶好の機会を逃したら、きっと一生キャンプなんてしないだろうと思った僕は、ありがたくその話を受けることにしました。こういうのを役得といいます。

カタログを眺め、どーれーにーしよーかなー、とまず選んだ道具は六点。今回はそれらの試用を兼ね、手始めに宿泊を伴わない半キャンプにトライすることにしました。

山中湖村の我が山の家は絶好のロケーションなので、これまた流行っているという〝自宅庭キャンプ〟なるものをやってみることにしたのです。

便利な最新アイテムで武装すれば、苦手なキャンプを克服できそうな予感

まずは何がなくても椅子とテーブルでしょ。帆布製のしっかりした生地が気持ちいい「フォールディングウッドチェア（ミディアム）」と、ナイスなルックスの竹製「ポータブルバンブーテーブル」をピックアップしました。

居場所が決まったら焚き火とバーベキュー！　折り畳み式の「フラットグリル」と、コンパクトに収納できる「スーツケースバーベキューグリル（スモール）」を選びました。そして「ソーラーミュージックランプ」をチョイス。これは太陽光充電式のスタンドライトで、夜になると三段階出力のメインランプがあたりを煌々と照らしてくれます。脱着式でハンディライトにもなる三個のサイドランプは、虫除けの黄色い光も放つことができる優れもの。さらに脱着式ブルートゥーススピーカーが備えられていて、スマホにつなげば音楽を流せます。

そしてなんだかよく分からなかったけど、勘を頼りに頼んだのが、色々なものを引っ掛けておける「アルミキャンピングラック（スモール）」なる代物でした。

一式を庭の一角に設置すると、あら不思議。とても素敵な庭キャン空間が出現しました。

今回使ったアイテムの中で、一番気に入ったのは、「ソーラーミュージックランプ」。昼間、太陽

の当たる場所に置いておくと、満充電とまではいかなくても、一晩使う分くらいの電気は十分に溜まるようです。家庭のコンセントや車でも充電できるので、天気の悪い日でも安心。それに本体はモバイルバッテリーの役目も果たし、ＵＳＢ経由でスマホなどに充電することができます。とにかく多機能で、一台あればキャンプの質がグッと上がります。これ、防災グッズとしてもかなり役立つのではないでしょうか。

そして二番目に気に入ったのが意外や意外。ついでに頼んだ「アルミキャンピングラック」でした。屋外では色々なものの置き場に困ります。地べたには置きたくないし、テーブル上の空間は限られています。夜になると、下手なところに置いたものは見つからなくなる可能性があります。この吊り下げ式のラックは何でもかんでもヒョイっとかけられるので、細々としたものの安置場所としてとても便利でした。

アタッシュケース型バーベキューグリルもナイスでした。コンパクトなので扱いやすく、炭火もすぐに起こせるので美味しい肉が簡単に焼けました。大層なバーベキューグリルは後片付けが大変で、僕のようなネガティブキャンパーの萎えポイントになりがちですが、この卓上グリルだったら流しで簡単に洗えます。

男のキャンプに火はつきもの、というか火遊びをしたいからキャンプをするのかもしれないと思

並べるだけでワクワクするような空間が

いますが、「フラットグリル」は焚き火台として重宝しました。メラメラ燃え上がる炎を見ていたら、気分はいやが上にも盛り上がり、つい鼻歌が漏れます。「ともよ～」などと。

22 レアな御朱印帳で、女子もすなる御朱印集めをはじめたら意外な展開に

いつも目にしているのに、なかなか見慣れることはない唯一無二の霊峰

山中湖村に家があるので富士山はいつも目に入りますが、見慣れることはありません。ふとした瞬間、異様に大きく見目麗《みめうるわ》しい眼前の山は、もしかしたら架空の世界の造物ではないのかという妄想にとらわれることさえあります。台風一過の先日、次々と湧き立っては流れいく雲の中、太陽を背に屹立《きつりつ》する富士山を山中湖畔から眺めていたときもそうでした。そのシルエット富士から目を離すことができなくなり、なぜだかちょっと泣きたいような、変な気分にさせられました。

昔の人も同じだったのかもしれません。非現実的にさえ思える圧倒的な山の存在感。それが富士信仰を生んだのだと思います。古代日本の英雄、ヤマトタケルノミコト（日本武尊あるいは倭建命）にも、富士山にまつわる逸話が残されています。現在の九州南部、熊曾《くまそ》国を討伐したのち、父であ

る景行《けいこう》天皇に命じられ、今度は東国の征討に向かったヤマトタケル。道中、現在の山梨県富士吉田市を通り、とある丘の上から富士の神山を遥拝《ようはい》したと伝えられています。

そして、「富士は北の方より拝せよ」と発したヤマトタケルの詔《みことのり》に従い、丘には鳥居と祠《ほこら》が建てられ、やがてそこを起源とする大きな神社が建立されました。景行天皇四十年（西暦一一〇年）という気の遠くなるような大昔の話ですし、ヤマトタケル自体その実在性は不明とされていますが、ジャパニーズ伝説のヒーローが登ったという丘はいまも存在します。

その〝大塚丘〟に登って祠に手を合わせ、悠久の時に想いを巡らせていると、確かに富士山の方角からえも言われぬパワーのようなものが流れてくるのを感じました。なんて、柄にもなく上品ぶったことを書いておりますがそろそろ疲れてきたので、本題に入りましょう。

このたび私、最近は若い女子の間でも流行っているという御朱印集めをはじめることにしました。ヤマトタケル遥拝地を起源とする北口本宮冨士浅間神社《きたぐちほんぐうふじせんげん》が、僕の御朱印集めのスタート地点です。

「果たしてこれはアリなのか?」と買ってから気づいた諸星大二郎の御朱印帳

昔から神社仏閣を訪ねるのは嫌いではなかったのですが、御朱印を集めようと思ったことはありませんでした。いや正確に言えば五~六年前に一度、少しかじったことはあります。でもふたつ集めただけで途絶えてしまいました。そんな飽きっぽい性格の僕が、再び御朱印集めを開始しようとしたのには理由がありました。とてもナイスな御朱印帳をゲットしたからです。

九月某日、東京の三鷹市美術ギャラリーで開催されていた「諸星大二郎展　異界への扉」を観てきました。僕は、『妖怪ハンター』『西遊妖猿伝《さいゆうようえんでん》』『マッドメン』などの作品で知られる大御所漫画家、諸星大二郎のファンなのです。古史・古伝を題材にすることが多い氏直筆の、細密なタッチの展示作品の数々は当然ながら素晴らしいものでした。グッズ売り場も充実していて、僕は気持ちをたかぶらせながら、そこでしか買えないレアな諸星グッズを物色しました。そして、この御朱印帳を見つけたのです。

表紙は清代中国の幻想小説集『聊斎志異《りょうさいしい》』を意識して描いた短編コミック集「諸怪志異《しょかいしい》」シリーズ単行本第一巻『異界録』のカバー絵が施されています。一目惚れした僕はさっそく買い求め、ここに御朱印を集めようと思い立ちました。

北口本宮冨士浅間神社には、メインの冨士浅間神社のほか、摂社《せっしゃ》である諏訪神社、そして前述の神社発祥地である大塚丘の三社が立っているため、三つの御朱印をいただくことができます。お宮に参拝したのち、僕は意気揚々と窓口に「お願いします」と御朱印帳を差し出しました。そしてそのとき、自分の浅はかさに気づきました。

魔物が潜む森の小道を、提灯《ちょうちん》をぶら下げて歩く昔の中国の童子《どうじ》が描かれたその表紙を、受付の神職《しんしょく》が一瞬「なんじゃこりゃ?」という目つきで見たのを、僕は見逃しませんでした。誰の目も気にもしない豪放磊落《ごうほうらいらく》なマッチョメンに憧れることもありますが、実際の僕は、自分の息子と言ってもいい年のコンビニバイト青年にさえ小さな声で、「あ、あ、あの、137番のタバコ二つください」としか言えないような小心者。人の目はいつも大いに気になる性質《たち》なので、極力、場違いな言動は避けるようにして生きている元パンクス小市民です。

僕のほかにも御朱印を求める人が前後に並んでいたので、0.5秒の早技でチェックすると、他の人の御朱印帳は和柄の布表紙などが施された、まともなものばかりです。御朱印は観光地のスタンプなどと違い、神域《しんいき》に仕える人が心を込めてしたためてくれる参拝の証であり、お守りと同様、神様の分身として大事にしなければならないありがたいものであることは理解しています。そんなものを集める帳面として、妖怪ノートはちょっとまずかったかな……。

僕の御朱印帳を見て、「やだ、何あれ？　クスクスクス」と笑う、うしろの御朱印女子の心の声を聞きながら、僕は少し冷や汗をかき、身を縮めていました。

山中湖近くの神社を訪れたら、あまりにも意外な出会いが待っていた

しかし北口本宮冨士浅間神社の方々はおおらかな心をお持ちなのでしょう。特に咎《とが》められることもなく、立派な御朱印三つが記された諸星御朱印帳は、僕の手に戻ってきました。こうなったらもう初志貫徹です。自分の趣味嗜好にはもっと自信を持つべきだと思い直した僕は、二軒目の神社へと向かいました。

山中湖からほど近い通称・山中明神、山中諏訪神社です。国中に疫病が蔓延《まんえん》していた崇神《すじん》天皇七年（西暦一〇四年）、勅命《ちょくめい》を受けた地元民が神様を祀ったというのが、山中諏訪神社の起源。平安時代の承平《しょうへい》元年（西暦九三一年）には、山中浅間神社も併設されたので、ここでは二つの御朱印をいただくことができます。

御朱印受付には、僕と同世代に見える神職が一人で待ち受けていました。前に並ぶ人への対応を見ていると、その方は少しぶっきらぼうで怖い印象。「やばい、今度こそ何か言われるかも」。一度

開いた僕の心はまた少し閉じかけました。

自分の順番が回ってくると、僕は諸星大二郎御朱印帳の表紙が見えないように開いて手渡しました。受け取った神職はすぐに筆を取り、サラサラと御朱印をしたためます。素晴らしい達筆でした。そして彼は僕に返す前、帳面を閉じて表紙にさっと目をやりました。

お？ という感じで少し動きが止まるのがわかり、僕は心の中で「やべ」と思いました。しかし神職は目をきらりと光らせ、意外な言葉を発したのです。「これ、諸星大二郎先生ですよね。へえー、すごい！ こんなの、あるんすね!?」

意表をつかれた僕は、「え？ ええ、そうなんですそうなんです。展覧会で買ったんです」と答えました。

神職は「すごいな」と繰り返しながら御朱印帳を返すと、次に僕の着ていたTシャツに目を留めました。

「ラモーンズじゃないすか。俺、好きなんですよ。その写真、CBGBのライブですか？」

この瞬間、僕の心の扉は全開になりました。

「古着で買ったんですけど、一九七八zxc年のラモーンズCBGBライブのTシャツです。怪我したデッド・ボーイズのメンバーを支援するために開いたライブのときのですね」

いささかマニアックな話であるにもかかわらず、神職はすかさず、「デッド・ボーイズの、スティーブ・ベイター？」と聞いてきます。

ええ、そこまで知ってるの？　と驚きつつ「いや、怪我したのはドラマーのジョニー・ブリッツです」と答える僕。まさかこんなところで、メッチャ話の通じる友達を見つけるとは。

別れ際、神職は「じゃあ、是非また来てください」と、神社の人とは思えない言葉で見送ってくれました。

そりゃ、そうだ。いくら神社の家に生まれた（のかどうかは知りませんが）からといって、いつも御神楽《おかぐら》や雅楽《ががく》を聞き、足袋・袴で過ごしているわけはありません。諸星大二郎ファンで、ラモーンズやデッド・ボーイズが好きなパンクス神職がいても、全然おかしくはないのです。そんな当たり前のことに気づき、「やっぱサブカルは共通言語だな」と嬉しくなった僕は、カーステレオで大音量の『Blitzkrieg Bop』byラモーンズを聴きながら、山の家に帰ったのでした。

なんだか嬉しくなって記念写真

23 〝富士山噴火〟が、本当に起こったらどうなるの!?

朝は紅富士、午後はダイヤモンド富士。ダイナミックな富士山イベントが満喫できる季節

十一月上旬某日の午前六時。セットしていたiPhoneのアラームが鳴っても、なかなか暖かい布団から出る気にはなりません。この時期、山中湖村の明け方の外気温は0度前後。寝室内の空気もかなり冷えています。

しかし意を決して布団から這い出し、寝巻きの上から分厚い防寒着を着込みました。ドアを開けて外に出ると、吐く息は真っ白です。氷のように冷えたハンドルを握って、車を走らせること五分。富士山がよく見える山中湖畔に到着しました。イベントのスタートまでもう少しなので、暖房が効きはじめた車内で待機します。

六時二十分、日の出に伴い富士山が徐々に赤みを帯びてきました。「紅富士」です。初冬から早春にかけ、冠雪した富士山が朝日に照らされ、オレンジ色に染まる現象が紅富士。山体がきれいに色づいて見えるのは、日の出から十〜二十分ほどの限られた時間のみです。

一帯でひときわ高い富士山だけが朝日に染まり、まだ陽の光が届いていない周囲の低山はモノトーンのままなので、不思議なコントラスト。眠さ寒さを我慢してきた甲斐があったと思わせてくれる、見事な光景でした。

同日午後、「ダイヤモンド富士」も見にいきました。ダイヤモンド富士とは、沈みゆく太陽が富士山頂に重なる瞬間、まばゆく輝いて見える現象のことで、山中湖村では十月中旬から三月末にかけて見られます。

山頂部にちょうど太陽が重なるように見るためには、観測ポイントが重要。村役場作成の、おおよその日時と場所を記したマップが役立ちますが、示されている位置情報はざっくりしていて、最終的には自分の判断で観測点を決めなければなりません。

湖畔には大勢のアマチュアカメラおじさんが、思い思いの場所に三脚を立てて準備しています。素人の僕は、目星をつけたやり手っぽいカメラおじさんのすぐ近くに陣取りました。

午後三時三十分、いよいよその瞬間が近づいてきました。

でも待てよ……。どうもこの地点からだと、太陽は山頂中央ではなく、少し左寄りの位置に沈んでいきそう。どうやら、山頂ど真ん中に沈む太陽を見られるポイントは、もう少し先の方だったようです。心中で「しまった」と思いつつ、僕がひそかに頼ったカメラおじさんの方を見ると、彼も「あちゃー」という顔をしています。

太陽がダイヤモンドのように輝くのはほんの一瞬。今から移動していたら、そのときを逃してしまうでしょう。「内角いっぱい、ぎりぎりストライク！」と自分を納得させ、移動はせず、その場で待つことにしました。

そして太陽が山頂に半分くらい隠れた瞬間、四方八方にパッと光の筋が広がりました。まさに宝石の輝きのような神秘的な光。これがダイヤモンド富士です。

この時期の山中湖村は、自然がもたらすダイナミックなイベントの目白押しなのです。太陽と富士山が織りなすスペクタクルを、一日のうちに二回も鑑賞できた僕は、何かを成し遂げたような充足感に浸っていました。

富士山噴火Xデーは近い？　インターネット上を駆け巡る不気味な噂

ところで最近、富士山にまつわる不穏な噂が飛び交っています。〝富士山噴火Xデー近し〟という説を、某週刊誌系ウェブメディアが取り上げ、にわかにザワついているのです（本稿執筆時である二〇二一年十一月の状況）。

　記事に呼応する形で一部SNS上では、「そういえば、三●地所が富士山噴火を想定したシミュレーションを開始した」「噴火すると知っている政治家から、秘密裏で一流企業へ情報が流れている」「権力者の家族はすでに避難済みだ」などという眉唾ものの噂まで囁かれています。面白いじゃないの、まるでリアル『日本沈没』だ。

　僕は科学的根拠薄弱でなかばオカルトチックな予言・予知の類や陰謀論的なものに、本気で与する人の気持ちがよく分かりません。火山の巣窟の中にいるようなこの日本で、地震がくる火山が噴火すると言い続けていれば、そりゃあいつかは的中するでしょう。

　それに、為政者や権力者は意外と公明正大で、正義に基づくストレートな論理で社会を動かそうとしていると考えた方が、腑に落ちることが多いものです。まあ壮大なオカルト話や陰謀論は一種のエンターテインメントなので、もし本当だったら……と思考実験を楽しむことはありますが。

　オカルト派は言います。「最近やけに地震が多いでしょ？　それ前兆だから」と。言われてみると、確かにそんな気もします。

　そこで、気象庁がインターネット上で一般公開している「震度データベース検索」にて、最近の地震回数をちゃんと調べてみることにしました。すると今年（二〇二一年）は、四月にトカラ列島付近や東北で群発したためにやや回数が増えましたが、それ以外の月はほぼ例年並みで、特に地震が増えているわけではないということがわかりました。

オカルト派はさらに言うでしょう。

「ホントにヤバいのは火山。最近あちこちでバンバン噴火しているじゃないですか」と。件《くだん》のウェブメディアも、南海トラフ地震を経て富士山噴火につながるかもしれない予兆として、阿蘇山噴火と、大量の軽石流出で話題になった小笠原海域の海底火山噴火を挙げていました。

「富士山は噴火してもいい」という考え、ダメですか？

二〇二一年十月二十日に、火砕流を伴う噴火があった阿蘇山。でも活火山・阿蘇山の中核となる中岳では、数年間継続する大規模なものから数日間で収まる小規模なものまで含めると、ここ二十年間では二〇〇四年、二〇〇五年、二〇一一年、二〇一五年、二〇一六年、二〇一九年にも噴火が観測されています。

八月十三日に噴火し、海面上に新しい島を出現させた福徳岡ノ場も、活発な海底火山です。明治以降、一九八六年までに噴火は七回、島出現は三回（いずれも短期間で海没）。それ以降はしばらく落ち着いていたものの、二〇〇五年からまた活性化しています。今年は一九八六年以来久々に島が出現する規模の噴火となりましたが、その島も間もなく波の侵食で消え去るそうです。

つまり阿蘇山も福徳岡ノ場も、噴火すること自体は珍しくもなく、同時期に起こったからといっても、南海トラフ地震や富士山噴火の前兆であると断じて騒ぐのは、ちょっと短絡的な気がします。富士山は確かに、明日噴火してもおかしくない活火山ですから、用心するに越したことはありません。でも週刊誌やテレビが富士山噴火ネタを取り上げるとき、まるでこの世の終わりのような論調であおるのが気になります。

もともと日本はペシミスティックな国民性なので、マスコミも人の恐怖心を掻き立てる方に傾きがちなのかもしれませんが、僕にはどうも合わないスタイルです。近年もビシバシ噴火している阿蘇山は、観光火山として有名です。噴火口まで徒歩一分のところに駐車場があるので、国内からも海外からも、大型バスに乗った大勢の見物客がやって来ます。

僕も高校の修学旅行で訪れた阿蘇山では、常時噴煙が立ちのぼる火口に落ちるふりをした記念写真などを撮って遊びました。阿蘇山のほかにも箱根山や浅間山など、活火山であることを売りにする観光スポットは、日本中にいくつもあります。

この一瞬を待っていた

世界最大級の活火山にして、今も激しい噴火活動を繰り返しているハワイ島のキラウエアも、世界的に有名な観光名所です。僕はここにも行ったことがあるのですが、噴火口のマグマや噴煙がよく見える場所に建てられたリゾートホテルに泊まり、まだ暖かい溶岩を靴の先でツンツンし、観光ヘリに乗って煮えたぎる噴火口を真上から見物しました。

大規模な爆発的噴火が起これば、火山弾や火砕流、溶岩流、火山灰などの発生が想定されるので、最低でも人的被害はないように対策すべきということは言うまでもありません。でも地震と違って火山噴火はある程度の予測がつき、対策を練りやすい天災であることも知られています。

もちろん噴火規模にもよりますが、もし富士山が実際に火を噴いたとしても、マスメディアがあおるような未曾有の大災害にはならないんじゃないかと、基本的にオプティミストの僕は考えます。そして噴火活動を再開した富士山に、世界中の人々は今以上に関心を寄せるでしょう。

富士山の直近の噴火は、犬公方として知られる第五代将軍・徳川綱吉の時代、一七〇七年十一月に発生した宝永の大噴火です。今も富士山南東斜面に確認できる大火口を残すほどの規模の爆発で、江戸の町にも一時は空が真っ暗になるくらいの火山灰が降り注いだそうです。

火山灰の影響で静岡から神奈川へ流れる酒匂川が氾濫したり、小田原藩の収穫物が大きく減ったりしたそうですが、その後も江戸幕府は安泰だったわけですから、世の中がひっくり返るほどのことではなかったとも考えられます。

なんだかまるで、富士山の噴火を期待しているような言い草じゃないか。罹災する人の気持ちも考えろ、不謹慎だ！　火山灰でインフラが分断されたら、日本の経済はどうなると思っているんだ！と叱られそうですが、誤解しないでください。これは単なる思考実験なのです。

24 山の中の一軒家で、トイレが凍結して流れなかったらどうしますか？

山の家をあとにするとき、忘れてはいけないシャットダウンの儀式

東京の家を用事で数時間ほど空けるとき、最低限の火の元と戸締まりの確認はしますが、いつもエアコンや加湿器はつけっぱなし。防犯上の理由もあって、部屋のライトやテレビを敢えてつけたままにすることもあります。ちょっと外出するときの家は、スクリーンセーバー起動状態のノートパソコンのようなものだと思っているからです。

でも数日間の滞在予定で、一家揃って山の家に向かう際には、家じゅうのサッシの二重ロックがかかっていることを確認し、冷蔵庫以外のすべての電化製品をオフにします。ゴミ箱の中に腐りやすいゴミがないかチェックし、窓のカーテンをみんな閉め、ドアにもきちんと二重ロックをかけます。ディスプレイを閉じ、ノートパソコンをスリープさせるような感じです。

では、数日間を過ごしたのちに東京の家へ戻る際、山の家の方はどうするか。

一旦山の家を離れると最低でも一週間、場合によっては数週間から一ヶ月以上も無人になります。だからノートパソコンをシャットダウンするように、あらゆるものをきちんと片付けるようにしています。家じゅうに掃除機をかけ、ゴミや洗濯物はまとめて車に積み込みます。保存食や消費期限の長いもの以外は食品も片付け、すべての窓の雨戸を閉め、冷蔵庫を除く電化製品はコンセントを引き抜きます。

そして、今の季節はここからが大変。山中湖村は寒冷地ですので、凍結による破裂を防止するため、すべての水道管から水を追い出し、代わりに空気を送り込む〝水抜き〟という作業をおこなわなければならないからです。

水抜きが完了したらもう一度、二階の端から順に指差し確認。そしてドアに鍵をかけ、門にチェーンをかけて山の家をあとにします。

シャットダウンしてきた山の家は、再起動するのもなかなか大変です。家に着いたらまず元栓を開き、家じゅうの水道を復活させます。しかし水抜きが十分にできていなかったために水道管が部分的に凍り、なかなか水が出てこない蛇口もあります。すると家が温まって自然に氷解するまで、数時間も待たなければなりません。

冬場に山の家へ行く際には念のため、到着前にコンビニでトイレを借りることにしています。家のトイレの水が凍結していて、まったく流れないこともあるからです。僕は以前、コンビニでトイレを済ますことを忘れていたためやむなく、凍てつく庭で用を足したことがあります。

オリオン座からの大三角形……。するとあれがシリウスでこっちがベテルギウスか……。山の中で見る冬の夜空は、星が見事です。雲の切れ間に散りばめたダイヤモンドとジンライムのようなお月様を眺めながらするソレはある種の快感でしたが、「オレはなんで自分ちの庭で立ちションを?」と、少々虚しくもなりました。

そして雨戸をすべて閉めきった家は、何日も太陽の光が入っていないため、心底冷え込んでいます。部屋に置いた霧吹きスプレーや加湿器に残った水までカチカチ。それどころか、キッチンの脇に置いたオリーブオイルや胡麻油まで凍っています。

北の町では野菜や果物が凍らないように、冷蔵庫に入れて保管すると聞いたことがありますが、山中湖村も事情は同じ。冬場は食用油類も冷蔵庫に入れておかなければならないことを学びました。

水道が止まり、氷点下まで冷え込んだ家を再起動するのは大変

十一月下旬某日。東京にいなければできない仕事が一通り片付いたので、僕は木曜日の午前中に山の家に向かいました。同行者は愛犬一匹。今回、妻と娘は金曜夜に新宿発のバスでこちらに向かい、合流する予定なのです。

到着するや、家を再起動します。まず雨戸を開けて日の光を入れつつ、空気を入れ替えるために家じゅうすべての窓を開け放ちます。次に水道復活の作業。十一月中はまだそこまでひどくは凍結しないので、水流はすぐに戻ってきます。

そして冷え込んでいる家を温めるため、さっき開け放った窓を今度はすべて閉じ、ガスファンヒーターと石油ストーブをダブルでガンガンに焚きます。でも一度冷え込んだ家はなかなか温まらず、人が快適に過ごせるような室温になるまで半日以上かかります。あとからやってくる妻と娘のために、僕と犬は先遣部隊として、家に火を入れにきたようなものなのです。

犬と二人だけの木曜金曜は、ひたすら家の中で過ごしました。持ってきた仕事は原稿書きだけなので、野菜や肉、果物、菓子類、それに袋ラーメンなどをスーパーで買い込み、一日二回の犬の散歩以外は閉じこもって、チマチマ自炊しながらシコシコ文字を書いて暮らします。

金曜の夜には、長距離バスの停留所がある富士急ハイランドまで、妻と娘を迎えにいきました。すっかり温まり、掘りゴタツの準備さえ整えられている家で、妻と娘は快適な第一夜を迎えます。わかっているかどうか知らないけど、冬の家をここまで整えるために、父ちゃん結構頑張ったんだぞ！

でも、それは言わぬが粋というものです。

週末も、特に予定はありません。紅葉が終わった山中湖村はオフシーズンに入り、ひっそり閑としています。春・夏・秋は「山の家に行ったらアレをやりたい！　アソコに行きたい」という計画を持ってくることが多い我が家ですが、冬は何もありません。少しドライブしたり買い物したり、家でゲームしたり映画を見たり音楽を聴いたり、娘の宿題を手伝ったりと、これと言って特筆すべきこともない過ごし方で、メロウな時間の流れを楽しみます。良い景色とうまい空気の中でただのんびりできるので、冬の山の家も悪くはないのです。再起動だけは大変ですが。

そして日曜日午後、水抜きを含むシャットダウン作業をはじめ、十六時には完了して山の家を発ちました。明日の月曜日は娘の中学校も妻の会社も平常運転なので、少し早めに東京の家に戻りたかったのです。

オー・マイ・ゴッド!!　妻が忘れてきたスマホを取りに、山の家へトンボ返り

しかし帰り道の東名高速は大渋滞。九月（本稿執筆時の二〇二一年）からはじまった東名集中工事

は前日に終了していたため、渋滞はないだろうと踏んでいたのですが、続けてはじまった〝東名リニューアル工事〟とやらと事故の影響で、御殿場の入り口からずっと混雑していたのです。

山中湖村の家から東京・世田谷の家までは、順調にいけば一時間半かかるかかからないかの距離なのですが、その日は出発から四時間経ってもまだ高速道路の上でした。午後八時半、夕食を取るため海老名サービスエリアに寄ります。ここまで来れば、東名高速終点の用賀まであと一息。やっとゴールが見えてきました。

しかし、レストランの席に座った妻が、なんとも言えない表情でつぶやきました。

「会社のスマホ、忘れてきちゃったみたい……」

わお！　これ、デュアルライフにおけるワン・オブ・最悪なパターンです。明日からの平日に必須の仕事用スマホを、妻はうっかり山の家に置いてきたのです。月曜日の夜にはそのスマホで大事な連絡をしなければならないので、どうしても取りにいかねばと言います。

しかし、やっとの思いで超えてきたあの大渋滞を思うと、今から引き返してもう一往復するのはあまりにも億劫です。そこで、夫婦で〝明日の予定ジャンケン〟をしました。

妻「朝から大事な会議があるので出社しなければ。帰宅は夜になりそう」

僕「月曜の予定は……、定期の歯石取りのために予約している歯医者だけですな」

ひとけ人気のないオフシーズンの山中湖

はい。わかりました。こういうとき、フリーランス夫に断る術はありません。世田谷の家に妻と娘と犬を送り届けたあと、僕は再び東名高速に乗り直しました。調べてみたところ、東名の下り車線は工事もなく、順調に流れているようです。でも、向こうに着くのは深夜。

スマホを回収して東京の家に向かうと、上り車線の渋滞に再び巻き込まれる可能性もあり、疲労度を考えるとちょっと危険です。では、山の家に一人でもう一泊しようかとも思ったのですが、水抜きまでして完全シャットダウンした家に戻り、水道を復活させたのちに部屋を暖めて一夜を過ごし、またすべてのシャットダウン作業をして帰るというのはチョー面倒臭い。

そこで、東名高速の御殿場ＩＣを降りてすぐのところにあるビジネスホテルを予約。そこに一泊し、夜が明けたらさくっと山の家に寄ってスマホを回収する作戦を立てました。

ビジネスホテルは温泉＆和朝食付きで一泊６６００円（もちろん、妻払い）。リーズナブルなうえ思いがけずちょっとした旅行気分を味わえ、実はなかなか快適でした。小さなシングルルームでしたが、ひとつだけの小さな窓は富士山の真正面で、夜明けの時間には赤く染まる富士山を拝むことができました。

遠くの山に目を向けると、熱気球がひとつポカンと浮かんでいます。なんとまあ優雅な。

こんな平日の朝に、気球を浮かべて空の散歩をしているのは、一体どんな人種なのだろう？ と、朝一に入った温泉でホクホクしつつ考えます。はたから見れば「あんたこそ、何やっている人？」という感じなのかもしれませんが。

25 霊力を持つ伝説の植物 ヤドリギでクリスマススワッグ作ったよ

「あれは何だ!?」山中湖の周囲でやたら目につく、まん丸な物体

山中湖の周囲を車で走っていると、落葉した冬木の枝の間に並ぶ、いくつものまん丸物体が目に入ります。デュアルライフをはじめた当初は、「あれ、一体なんだろう?」と不思議に思いました。東京の家の周りではまったく見かけないものですが、明らかに天然の造物。さては、このあたりに多く棲んでいる野鳥の巣かな? と最初は思いました。

でもよく見ると、ティピカルな鳥の巣のようにぎっしり目が詰まっているわけではなく、均等に広がった枝葉の合間からは、向こう側がわずかに透けて見えます。こんなにスカスカで不用心な巣を作り、すきま風に震えながら卵を温める鳥がいるとは思えないので、〝鳥の巣仮説〟は早々に却下。はて、それでは何だろうと改めて思っていた僕に答えを教えてくれたのは、湖畔で営まれているガ

ソリンスタンドのオヤジでした。僕が頼んだノーマルタイヤからスタッドレスタイヤへの交換を若い衆に任せ、自分は暇そうにしているオヤジ（多分オーナー）に、あれは何ぞやと尋ねてみました。するとガソリンスタンドの横に生えている木も、例のまん丸ちゃんをたくさん抱えていたのです。するとGSオヤジはいとも簡単に、そしてややつまらなそうに「ああ、ヤドリギね」と答えてくれました。

ほほう！　噂の！　と、こちらは膝を打つ思いでした。

ヨーロッパからアジアまで幅広く自然分布するヤドリギ（宿木、寄生木）とは、土の上ではなく他の樹木の枝や幹に根を食い込ませて育つ、いわゆる寄生植物です。この世にそういうものがあるということは、前から何となく知っていたし、もしかしたらこれまでの人生で何度も目にしていたのかもしれないですが、「あれこそがヤドリギである」と、頭の焦点が合ったのは初めてでした。

山中湖周辺は、ヤドリギの群生地なのです。宿主の木の葉が生い茂る春から夏には、覆い隠されて見つけにくいヤドリギですが、主の葉がすっかり落ちる秋から冬にかけては、その存在が際立ちます。ヤドリギの方は、一年中小さな緑の葉を広げている常緑樹なのです。

鳥がからんでいるかもしれないと思った最初のひらめきは当たらずとも遠からじで、ヤドリギの繁殖には特定の野鳥が一役買っています。北東アジアに広く生息するとても綺麗な野鳥、ヒレンジャクとキレンジャク。北からやってきて日本列島で越冬する彼らは、ヤドリギの果実を好んで食べるそうです。

ヤドリギの実は粘り気のある果汁で満たされていますが、ヒレンジャク・キレンジャクは果汁のネバネバ成分も種も消化せず、そのまま排出。ネバネバうんちに含まれる種子は地面に転がり落ちることを免れ、落ちた枝の上にそのまま張り付きます。そしてそこで根を張り、まん丸に成長していくそうです。自然って、ホントによくできていますね。

いにしえのヨーロッパから伝わるUnder the Mistletoe伝説とは

オリジナルの趣旨は尊重しつつ、独自の解釈を加えながら異常進化した和風クリスマス文化ではなぜか抜け落ちていますが、欧米ではクリスマスといえばヤドリギ、ヤドリギといえばクリスマスです。ヤドリギは英語でmistletoeと表します。古きはフランク・シナトラの「Mistletoe and Holly」(一九五七年リリース)、新しきはジャスティン・ビーバーの「Mistletoe」(二〇一一年リリース)、ともにクリスマスソングです。

クリスマスにモミの木のツリー、ヒイラギのリース、ポインセチアの鉢植えを飾る文化は日本でも一般的ですが、欧米のクリスマスでもうひとつ忘れてはならないのが、ヤドリギのスワッグ(壁飾り)なのです。

「宿木」はまだいいとして、「寄生木」などという寄生虫か寄生獣(Ⓒ岩明均)のような不気味な文字が当てられている日本では、そんなふうには感じにくいかもしれませんが、欧米人はヤドリギ＝mistletoeに対し、特別な感傷を抱いています。昔の人は、葉のなくなった冬木の中に青々と茂るヤドリギから、永遠の生命あるいは不思議な霊力のようなものを感じ取ったのでしょう。ケルトをはじめとするヨーロッパ各地で土着信仰の対象となり、ヤドリギは今も特別で神聖な木と認識されているのです。


クリスマスにヤドリギを飾る風習も、そうした伝統的な信仰心から生まれたものですが、ヤドリギスワッグはあちらの若い男女にとって、また違うスペシャルな意味を持っています。映画『ハリー・ポッター』の中でも描かれているように、イギリスで生まれた〝クリスマスにヤドリギの下でキスをすれば、その男女は神から祝福される〟という考えを発展させ、ヤドリギは恋の駆け引きの重要な小道具とされているのです。

「クリスマスにヤドリギの下にいる人は、キスを拒むことができない」とも解釈されているため、小さなヤドリギスワッグを持参し、お目当ての彼女の頭の上に差し出してキスを迫る男もいるとかいないとか。

まあ僕なんかは、そんな甘酸っぱい恋の駆け引きなど遠い昔に置き忘れ、いい歳こいた純ジャパオヤジですが、山中湖村であちこちに自生しているヤドリギを見ていたら、だんだんとクリスマススワッグなるものを自作してみたくなってきました。五十二歳のおっさんをもそんなやや乙女チックな気持ちにさせてしまうなんて、それもまたヤドリギの霊力のなせる技なのでしょうか、なんて。

自作のヤドリギクリスマススワッグはなかなかの出来栄えでした

素敵なクリスマスリースを作れるような腕もセンスも持ってはいませんが、ネットで調べてみるとヤドリギのスワッグはシンプルで、簡単に作ることができそうです。いただいたヤドリギの枝を均等な長さになるようハサミで切り分け、根本をグルグル巻きにしてまとめます。ちなみに、面倒臭いので最初はセロテープかガムテープでまとめようとしたのですが、手を出さずに生暖かい目でじっと見ていた妻からボソッと、「工作じゃないんだから、やめて」と言われ、ここは麻紐を使いました。

よし！

あとはこれに、クリスマスっぽい真っ赤と真っ緑のリボンをつければいいんじゃない？と思って

自作のヤドリギスワッグ

買いにいこうとしたら、妻に「それはダサい」と言われたので中止。妻が秘蔵していた渋めのリボンをもらい、麻紐を隠すように結んでみました。乙女チック道もなかなか難しいものです。

いっちょあがり！　おっさん一人でできたよ！　はじめて作ったヤドリギのクリスマススワッグ、なかなかいい感じなのではないでしょうか。

ちなみに、ヤドリギの種を媒介するキレンジャクやヒレンジャクは、バードウォッチャーに大人気の野鳥なのだそうです。山中湖の周囲では特に、北岸の長池という場所のケヤキ並木に大量のヤドリギが生えているのですが、キレンジャク・ヒレンジャクがよく見られる二～三月ごろになると、大勢のバードウォッチャーが望遠レンズを構え、ヤドリギの方を狙っているそうです。

クリスマススワッグ作りの次は、キレンジャク・ヒレンジャクを撮影するため、またヤドリギに注目することになりそうです。まあどちらかといえば、そっちの方が自分の性には合っています。

僕が自作したヤドリギスワッグは、最終的に山の家のハンモックチェアの上に飾りました。この下に座っていると、確かにヤドリギのほのかな霊力のようなものを感じる気がしますし、そういえば愛犬がやたらとキスを求めてきて、顔じゅうベロベロと舐めまわします。中年のオス犬ですが。

26 富士のふもとの昭和レトロ街で、ノスタルジックが止まらなくなった話

昭和時代の建物や街並みが真空パックされた町

山中湖村の山の我が家から車で約三十分。富士吉田市下吉田に、〝月江寺《げっこうじ》〟と呼ばれる地区があります。その名の通り、お寺を中心に発展した由緒正しき門前町ですが、ここがなかなかのディープゾーンであるという噂を耳にしたので、行ってみることにしました。

かつて月江寺には富士参詣一番札所が置かれていたため、吉田口登拝の起点として多くの参詣者が訪れたそうです。また、富士吉田は富士山の天然水を利用する織物業が古くから栄え、全国の商人も集まってきました。彼らが仕事を終えたあとの夜、羽根を伸ばしたり休めたりする歓楽街も月江寺界隈で発展したのだとか。そして第二次世界大戦後、現在は自衛隊北富士演習場となっている広大な土地が米軍に接収されたため、月江寺界隈に繰り出してくる米兵相手の私娼街も出現したと

いいます。

しかし、それもこれも今は昔のお話。富士登山が近代化し、米兵が引き上げ、日本の繊維業がシュリンクするとともに、月江寺界隈も少しずつ寂れていきました。

そんな歴史に埋もれたような街・月江寺には、昭和時代のノスタルジックな建物や街並みが、真空パックされたように残っているのです。

一時期はただの古臭い街として忘れられかけた月江寺は、今世紀に入って以降、リアルな昭和レトロの街として再び注目されるようになりました。内村光良（うっちゃん）初監督作品として二〇〇六年に公開された『ピーナッツ』をはじめ、数々の映画やテレビドラマのロケ地として選ばれたり、レトロな街並みを散策する人たちがたくさん訪れたりする街になったのです。

そんな月江寺で、まっ先に訪ねたい場所がありました。昭和二十四年から営業を続ける「月の江書店」です。月江寺観光のハイライトとして知られる名所なので、事前に建物の外観などは写真で見ていましたが、実際に目の前に立つとハッとさせられました。

雑誌や漫画、それにプラモデルなどの雑貨を扱う地域密着の本屋さん。昔はどんな街にも必ずあった個人経営の小さな本屋ですが、今の時代には超希少な存在です。本屋好きな僕にとっては、思わず抱きしめて頬ずりしたくなるような、昭和の古き良き本屋さんが、ひっそり佇むように存在していたのです。

店内もまるで、時が止まったかのような趣に満ちていました。プラモデルの棚は自動車やバイク、それに戦艦や戦闘機ものを中心に並べられていました。この空間は、まるで昭和四十年代。幼き日、母親に連れられて入った近所の本屋さんは、確かにこんな雰囲気だったような気がします。

でも雑誌の棚に目を移した僕は、また別の意味でハッとしました。僕がつい先日まで編集していた某社の付録付きブランドムック最新号が、その棚に陳列されていたからです。

時空がユラっと歪み、幼き自分と現代の自分が脳の中で一瞬の邂逅を果たしたような、妙な感じになりました。

昭和レトロワールドを散策していたら懐かしい記憶があふれてきた

出版業界で働いている人たちは皆同じようなものだと思いますが、僕はとにかく本屋が大好きです。子どもの頃から暇さえあれば本屋に行き、長い長い時間を店内で過ごしました。僕が育った西武池袋線のひばりヶ丘駅周辺には、往時は大中小合わせて五～六軒の新刊書店がありました。ひとつのお店にあまり長くいると居心地が悪くなるので、いくつもの本屋を順繰りに回り、雑誌や漫画、書籍を漁るように立ち読み。そしてなけなしの小遣いと相談しながら、家に連れて帰る本を決めました。

本屋好きが高じ、大学生の頃には地元の一軒でアルバイトをはじめました。ひばりヶ丘駅南口に建つ「ブックスJ」という中規模書店です。その名を聞いて、あっ！ と思った方はきっとジュンスカのファンだったのではないでしょうか。

ひばりヶ丘にある自由学園という学校の友達同士で組まれたバンド、ジュン・スカイ・ウォーカーズの面々は、地元愛にあふれる人たちで、人気絶頂だった一九九〇年に『Let's go ヒバリヒルズ』という、地元礼賛のご当地ソングをリリースします。その曲の冒頭で「階段おりると 左にブックスJ」と歌われていたのが、僕のバイト先だったのです。

話がどんどんあさっての方向に向かいますが、やめませんよ。

ブックスJでのバイトは大学卒業まで三年間続けましたが、その間には宮沢りえの写真集『Santa Fe』（朝日出版社 一九九一年十一月刊）が発売されるという大ごともありました。こちらもまた人気絶頂期の企画でしたし、新聞にヌード写真を使った全面広告が打たれるという、今では考えられないプロモーションがされたことも功を奏し空前のヒット。そのインパクトたるや、出版業界だけではなく社会全体をざわつかせるものだったと記憶しています。

当時はもちろん、アマゾンのようなネット販売網など皆無の時代ですから、欲しい本があったら本屋で手に入れるしかありません。ブックスＪでも、予約取り置き分以外にわずかな冊数を店頭に並べましたが、朝から行列した客があっという間に買っていき、夜シフトだった僕が出勤したときには、店頭在庫一冊のみになっていました。その一冊は予約注文受け付けの見本とするため、非売品としてレジ前に飾っていたものですが、事件が起きます。

ちょうど僕が店の奥で返本作業をしていたときでした。レジの方から怒鳴り声やバタバタと走る足音、何かがガシャンと落ちる音などが聞こえてきました。慌ててレジに駆けつけると、十歳年上のバイト仲間が血相を変え「やられた！　宮沢りえ、パクられた！　追いかけるからレジよろしく！」と言い残し、店外へ全速力で走っていきました。しかし五分後に帰ってきた彼は手ぶら。しかも額から血をダラダラと流していました。

すぐに１１０番し、翌日の新聞の地域版に載る本物の事件になりました。ちなみにその勇敢なバイト兄さんの本職は、無名の声優でした。普段は寡黙な人でしたが、非常時に出した怒鳴り声があまりにもアニメヒーローばりの美声だったため、三十年経った今も僕の頭には、その響きが残っています。ブックスＪはとっくの昔に閉店してしまったけど……。

そろそろ「いったい何の情報だ？」と思われる頃なので、話をもとに戻しましょう。昭和レトロな「月の江書店」で濃厚な時間を過ごしていると、僕の頭にとめどなく過去の記憶が蘇ってきました。とにかく、不思議で素敵な空間だったわけです。

ああ、ノスタルジックが止まらない。

本物のディープゾーンは、細い路地の奥にあった

月の江書店で感慨にふけったあとは、同じ通りの数件先にあるカフェ「月光」でお茶をしました。ここも古き良き雰囲気を残した建物で、内装も果てしなくレトロでおしゃれ。薪ストーブで暖められた静かな店内でチーズケーキを食べ、アールグレイなど飲んでいたら、めちゃくちゃ和みました。この建物は大正末期の古民家で、昭和初期に岐阜から移築されたものを改装したのだとか。街並み散策をする人たちが一息つくための拠点となっていました。

書店とカフェのある通りの裏側には、何本かの細い路地があります。ここここそが、本物のディープゾーンでした。

リノベーションされたおしゃれな飲み屋や、地元のおやっさんたちに長年愛されていそうなスナックが立ち並び、夜になるととても賑わう場所なのだそうですが、ここらはいわゆる旧・青線。冒頭

月の江書店

でも言及した、昔の米兵相手の私娼街があったのだそうです。

　街を歩いていると、丸い格子窓やアールのついた玄関など、趣向を凝らした建築物が目に付きます。これは〝カフェー建築〟といって、かつてそういうことがおこなわれていたお店特有の意匠です。なるほどなるほどと思ってじっくり拝見しましたが、どこも老朽化が進んでいて、風前の灯に見えます。暗い過去なのかもしれませんが、それもまた立派な街のカルチャー史なのですから、リノベーションして有効活用したり保存したり、是非ともしっかりしたりしてほしいなと思いました。

　界隈をぐるぐると散策したあとは、表通りの国道138号線に出ました。このあたりも古い店舗をリノベーションしたおしゃれカフェなどが並んでいます。でも僕の目に留まったのは一軒の洋品屋。

地元の中学校や高校の制服をメインに商売をしているお店のようですが、そのマネキンがあまりにも……。

そうそう、昔のデパートなんかに並ぶマネキン人形って、どれもこれも〝とんでもない外人顔〟だったよな、と思い出しました。この顔に、中学校の制服を着せてはあかんでしょう。これもまた、激しく昭和レトロ風ではありますが。

27 年間四十万円超の移動代は高い？ 安い？ デュアルライフとお金、本当の話

都内在住でありながら、車は月平均1000キロ超えの走行距離

僕の愛車はスバルのXV。現行型ではなく二〇一七年に生産・販売を終了したモデル、〝GP系〟の最終型です。二〇一七年一月の納車から丸五年乗ってきて、今年一月に総走行距離は67000キロメートルを超えました。平均すると年間約13400キロ、月1117キロほど走っていることになります。

買い物にも通勤にも車を使わなければならない地方住みだったらいざ知らず、都内在住でこの走行距離はかなり多いようです。僕は自宅で仕事をしているフリーランスワーカーなので、通勤はありません。来る日も来る日も自室のデスクにドッカと座って仕事をしているわけですから、平均的なビジネスパーソンと比べると、圧倒的に移動距離の少ないワークスタイルといえるでしょう。た

まに取材や打ち合わせのために車で都心に向かうとしても、アクセス至便な世田谷区からなので、走行距離はそんなに伸びません。子供の習い事の送り迎えや日々の買い物にも車を出しますが、数キロ以内の移動にすぎません。

ではなぜ月平均1000キロ超えになっているのかというと、言わずもがなデュアルライフをしているためです。東京の家から山中湖村の家までの距離は108キロメートル。単純に一往復しただけで、216キロを走ることになります。月に二度も三度も行っているわけですから、月平均走行が1000キロ以上になるのも当然です。

そうかそうかと考えていたら、お金のことが気になってきました。富裕層でもなんでもない我が家のデュアルライフスタイルですが、移動のため知らず知らずのうちに結構な額を使っているのではないかと。

XVの燃費は、街乗りと高速走行ひっくるめて、ざっくりリッター約10キロメートルです。GP型のタンク容量は60リットルなので、満タンで約600キロ走ることができます。月平均の走行距離が約1117キロですから、600で割ると約1・86。

つまり、毎月二回弱はガソリンを満タンにしていることになります。ガソリンの値段は急騰しているので、この五年間の実質金額は計り知れませんが、仮に最近の相場に近いリッター160円で計算してみましょう。

160×60×1・86＝17856

毎月1万8千円近くもガソリン代に使っていたか。むむむ……。

やっぱりバカにならない住居費と移動費

では、一回の移動にかかる高速道路代は？　東京の家から山の家に行くまでには、東名高速道路と東富士五湖道路という二本の有料道路を通ります。東名高速の東京IC～御殿場ICの料金は、平日2620円（本稿執筆当時の二〇二二年現在の料金。以下同）、休日はETC割引で2170円。東富士五湖道路の須走IC～山中湖ICの料金は平日休日ともに540円です。山の家に行くパターンで多いのは、平日の金曜夜に出発し、日曜夜に戻ってくるというものです。つまり往路は3160円、復路は2710円。合わせて5870円かかります。

月に何度行くかは季節によってまったく違うのですが、仮に平均三回としましょう。すると、5870×3＝17610円。前述した月のガソリン代と合わせると35466円。これが、デュアルライフをするために毎月かかる移動費。年間に直すと、425592円になります。

この金額を多いと感じるか、大したことないと感じるかは、人それぞれでしょう。僕はといえば、「計算するんじゃなかった」と少し後悔しています。もう十年以上前になりますが、毎月まとまったサラリーをもらっていた会社員時代は、収入や支出に関してある程度無頓着なところがありましたが、フリーランスになってからはずっとシビアになりました。ただ移動するためだけに使うこの金を稼ぐために、何文字書いて、何ページ編集すれば……なんて、つい考えてしまうのです。

デュアルライフにまつわるお金について、さらに頭の中を整理してみました。もっとも大きいのは、住居費です。以前にもこのコラムで書きましたが、我が家のデュアルライフの仕組みは、東京の借家の賃料や水道光熱費いっさいは僕が負担。そして山の家のローンや水道光熱費は、会社員である妻が負担するというものです。家計の中で最大の支出である住居費は、デュアルライフでは確かに二重にかかり、大きな負担となっていることは間違いありません。働けど働けど、我が家の家計がじっと手を見なければならないような状態である要因は、住居費と移動費にあるのです。

ちょっと気分がヘビーになってきたので、軽めの話題に変えましょう。金銭面だけの話ではありませんが、デュアルライフで身に染みてそのありがたみを感じているのは、エンタメ関係のサブスクです。Apple MusicにしてもNetflixにしてもAmazon Prime Videoにしてもhuluにしても、料金はアカウントに対してだけ発生します。

東京の家のテレビで観ても、移動中にモバイル機器で観ても、山の家のテレビで観ても、当然ながら料金は一律。特に寒さ厳しい冬は家族で山の家にこもり、映画を観て楽しむことも多く、サブスク全盛の時代でよかったなーと感じます。

それにひきかえＮＨＫさん！　ＮＨＫの受信料は〝世帯〟ごとにかかります。つまりテレビを一台しか持っていない家でも五台持っている家でも、一世帯分の料金しか発生しません。ここまではいいでしょう、ここまでは。

でも実は、別荘に対しては……もう一世帯分の受信料が請求されます。ＮＨＫさんのために正確にいえば、〝家族割〟という制度が適用されるため半額にはなります。でも、家がふたつあったとしても決して世帯が増えているわけではないのに、なんで受信料が二重にかかるのか。一体、どういう了見なのか。これはもう謎、というか納得できません。

僕はＮＨＫの番組を結構ちゃんと観る方だし、災害の際のインフラ的役割を大変頼りにしているし、大河ドラマは放送日を待ち焦がれるほどのファンで、決して「ぶっつぶす！」などとは思っていませんが、サブスク全盛の今の時代において、受信料制度はかなり古びた感じがします。ＮＨＫさん、考えましょう！

でも服や家具にお金をかけないで済む山の家暮らし

さて。デュアルライフによって余計にかかるお金についてブックサと書いてきましたが、逆に節約できていることはないかと考えてみました。

まず頭に浮かんだのは洋服代です。僕は仕事柄もあって、年がら年中カジュアルウェアで過ごしているとっちゃん坊やですが、好きなブランドやスタイルは多く（一応、ファッション系エディターですから）、東京での暮らしではそれなりに洋服費がかかっています。そして、行くたびにいちいち着替えを運ぶのは面倒なので、山の家にも一通りの服や靴を揃えてあります。

じゃあやっぱり二重にかかるじゃん！ と思われるかもしれませんが、東京の家で過ごしているときと、こちらにいるときの服に対する意識がまったく違うのです。

自然に囲まれた山の家で過ごしているときに、おしゃれな格好をしてもしょうがない……という語弊があるな。なんというか、ワークマンやカインズホームで買った安いワークアイテムを着ていた方が、しっくりくるのです。雪で足元がぐちゃぐちゃな今の季節は長靴が一番！ ちょっとおしゃれして出かけるときも、がっつりワークマンコーデだったりします。

東京で過ごしていると、シーズンの立ち上がりには、つい渋谷や二子玉川に繰り出して散財してしまいますが、こちらに来てしまえば安心。買い物心がうずきだしたら、「きゃー!」と言いながら車に乗って、山の家に逃げてくればいいのです。この傾向は妻も一緒で、山の家にいるときは、なんだかとんでもない格好をしていますが、それが妙に似合っていたりします。

もうひとつ節約がらみの話では、インテリア関係もあまりお金を使わずに過ごしていると言えるでしょう。もちろん、住みはじめのときには一通りの家電や家具を新品で揃えましたが、その後はDIYをしたり、中古家具を選んだりすることで、賢い消費をしている気がします。

もともと器用な方ではないので工作は苦手だった僕も、なぜか山の家にいると、インテリアを自作してみようかなという気が湧いてきます。腕が悪いので大したものを作れるわけではなく、お見せするのも恥ずかしいのですが、最近の作品をひとつご紹介しましょう。

湖畔のカフェで見かけ、「こういうの、うちにもあったらいいよねー」と思っていたカウンターキャビネットを、子供と一緒に作ってみたのです。材料はセリアやダイソーなどの百均だけで揃えました。もちろん、もっとちゃんとしたものを作ろうと思ったら、ちゃんとしたホームセンターで揃えた方がいいと思いますが、今回は〝百均縛り〟というテーマを自分に課し、激安でかっこいいものを作るチャレンジをしてみたのです。

大まかな設計と材料のアイデアはネットで拾ったものなので大口は叩けませんが、なかなかの出

〝百均縛り〟でＤＩＹしたカウンターキャビネット

来栄えではないかと思います。前面の扉部分なんて、フォトフレームを使っているんですよ。総制作費は１５００円ほど。少々歪んでいたり、色の塗りむらがあったりするのもご愛嬌。自作の家具はどんなにヘンテコでも可愛いものです。

　ささやかな楽しみではありますが、こういうことをしているとなんとも言えぬ満足感を得られます。それもデュアルライフの醍醐味なのです。

28 爽やかな避暑地は凍てつく寒冷地。デュアルライフに向いている性格とは？

東京でやらねばならぬことがあり、しばらく遠ざかっていた山の家

二月半ばのある日、約一ヶ月ぶりに山の家へ行きました。毎年、冬場は山の家から足が遠のきがちになりますが、今回、長い間があいてしまったのには理由があります。東京にいなければできない、あるミッションに取り組んでいたのです。

それは、剣道の昇段審査を受けること。中学高校と剣道部だったものの、それ以降はずっと剣道から離れていた僕でしたが、四十四歳のとき、昔の友人に誘われて東京・世田谷区内の剣道場に入門。以来、体力と相談しつつもずっと稽古を続けています。ちなみに、世の中には僕のような復帰組の中年剣士が結構いて、剣道界では〝リバ剣〟などと呼ばれています。

復帰三年後には、三段の段位を取得しました。と言っても剣道をやったことがない人には、ピン

とこないでしょう。三段というのは、小さな頃からやっている人なら高校生でもとれますが、普通は大学以降でとる段位。そしてご存じの方はご存じと思いますが、剣道って死ぬほどきつい運動なので、大学の体育会剣道部に入ってまでやろうというのはレアな人。中学や高校で剣道部だったという並の人は、初段か二段止まりが多いのです。だから三段といえば「俺、剣道をやっている」と、ある程度は胸を張っていい段位だったりします。

僕も三段に昇格したときは十分満足し、自分の剣道人生はここまででいいかなとも思いましたが、やがて、まあまあ体力がある今のうちにもっと上を目指したいという気持ちが芽生え、昇段の機会をうかがうようになりました。しかし剣道界には〝四段の壁〟という言葉があり、これ以降の審査は非常に厳しくなります。スピードとパワーに勝る二十~三十歳代ならまだ合格の可能性は高いようですが、僕のような渋い剣道しかできなくなっている五十歳代の合格率はグッと低くなります。四段合格率は全体で30%前後とされているものの、僕の肌感覚では、中高年層の合格者はせいぜい十人に一人くらい。

実は僕の四段挑戦もこのたびで四回目となります。これまで三回も不合格の憂き目を見ているのです。こんなに何度も落とされていると、僕も意地になってきます。取得したときはあんなに嬉しかった三段も、「お前ごときこれで十分」と烙印を押されているような気がして忌々しく、なんとしてでも四段をという気持ちが募ります。昨秋からは道場の先生に申し出て、より身のある稽古ができる高段者中心クラスに混ぜてもらいました。そして今年（二〇二二年）最初の審査会となる二月六日に向け、山の家でののんびりライフを返上してまでも、自分なりに厳しく稽古に打ち込んできたのです。その結果は……。あっさり不合格でした。四浪決定です。無念。

寒冷地である山の家で待っていたさらなる試練とは

そんなハートブレイキンな僕は、ここ一ヶ月の稽古で疲れた体と心を癒そうと、久しぶりにひとり山の家へと向かいました。しかし車で家の前にたどり着いた僕の目に映ったのは、膝から崩れ落ちそうになる光景でした。

約40センチはあるでしょうか？　しっかり除雪されている道路との境もくっきり、家の庭にこんもりと雪が積もっています。このままでは車を敷地内に入れることさえできません。

頭の中で自問しました。

Q．長靴は？　A．玄関の中。

Q．雪かき用スコップは？　A．家の半地下倉庫の中。

つまり、東京から履いてきたスニーカーのまま雪の中に突入し、玄関まで行かなければ何もできません。

一意専心《いちいせんしん》、雲外蒼天《うんがいそうてん》、克己忍耐《こっきにんたい》、不撓不屈《ふとうふくつ》、平常心などと剣道熟語を思い浮かべながら、決死の覚悟で雪の中に足を踏み入れ、玄関まで長靴を取りにいきました。途中、段差がまったく見えず、スキーのジャンプ台のようになっている屋外階段にひるんだりしながら。

そして、粉雪が舞う極寒のなか懸命に除雪をし、とりあえず車の駐車スペースだけは確保。車をとめ、ほうほうの体で家の中に飛び込みました。一ヶ月間太陽の光をまったく入れていなかった室内もキンキンに冷えていて、あらゆるものが凍りついています。

例によって水道管の一部も凍結しているようで、トイレもキッチンも洗面台も水が流れません。南向きで、我が家の中では一番日当たり良好の位置にある風呂場の水だけはすぐに出たので、急いで風呂を沸かします。

二十分後、雪かきのせいでびしょびしょになった服を脱ぎ捨て、熱々に沸かした風呂に飛び込むと、芯まで冷え切り固まっていた体は徐々にほぐれ、ようやく人心地つきました。そして考えます。

まいったまいった……。いったい俺は何をやっているのやら……。のんびりしようと思って山の家へ来たのに……。こんなに凍てつき、雪が積もりまくって……。今夜も雪の予報だし、また冷え込むぞ、こりゃ……。まったくもう……。……なんだか、チョー楽しいじゃん!!!

これですよ、これ。どんなに雪かきが大変でも、水道が凍りついて不便でも、山の家に来ると東京の家では味わえない非日常が待っています。これが癒しになるのです。たとえ、激しい剣道の稽古以上に雪かきがキツかったとしても。

余談ですが、痛い・きつい・臭い(IKK)の三拍子が揃う剣道に入れ込める人というのは、多少なりともMっ気を持つ人であるというのが僕の持論。どうも真冬の山の家単独行で、その説は証明されてしまったようです。

良かった、Mで。季節によってまったく表情が異なる地でも快適に過ごす性格

村域のほとんどが標高1000メートル前後に位置する山中湖村は、いわゆる高原の避暑地です。〝避暑地〟といえば、どんな原初イメージがあるでしょうか? 一九六九年生まれの僕ら世代なら、パステルに染まったテレフォンボックスで出会った聖子ちゃんと俊ちゃんが、チョコレートをかじりながらパッと目覚めた清里高原の風景でしょうか。あるいは、GASPを脱退して哀川陽司バンドの一員となったトーイが、初めて出会うメンバーとともに合宿生活を送った軽井沢とか。古いね、

なんぴと何人も立ち入りを拒むかのような我が家。

どうも。

いずれにしても初夏から盛夏そして初秋にかけて、酷暑の都会から抜け出し、涼しく爽やかな空気の中で過ごす、きらめく青春の一ページという感じだと思います。さまざまな作品の舞台となる高原も大体そんなイメージで、季節は夏でなければなりません。

そう言えば、山中湖にはこんな僕の青春の断片も落ちています。高二のときの剣道部の夏合宿地が山中湖だったので、今でも湖畔に建っているそのときの宿舎の横を通るたびに、あの忘られぬ日々を思い出したりするのです。

まあそんな話は置いといて。当然といえば当然ですが、避暑地にも冬はやってきます。

高原にある避暑地は、冬場は〝寒冷地〟という呼び名に変わります。寒冷地である冬の山中湖は、ひっそり静まり返っています。

夏にはキャンプをする人や、SUP、カヤックなどのウォータースポーツに興じる人で賑わっていた湖畔の一角にも人影はなく、たくさんのハクチョウが我が物顔で過ごす野生の王国になっています。一部氷が張った湖面には船もチラホラ見えますが、そのほとんどはワカサギ釣り客を乗せた静かなドーム船です。ワイワイ賑やかな夏に比べると、〝オフシーズン〟という言葉しか当てはまらないのが避暑地・山中湖村の冬の姿なのです。

そして、そんな寂しく冷え切ったオフシーズンの雰囲気も「いいね!」と思えるか否かが、デュアルライフに向いている人かどうかを占うポイントなのではないかと思います。僕の場合は前述のように、この地にとってのベストシーズンである夏ほどではありませんが、凍てつく冬の山中湖村もかなり好きで、条件さえ整えばいつでも行きたいと思っています。

良かった、Mで。

もちろんもっとお金持ちだったら、冬場を暖かく過ごせる南国にもう一軒家を持ち、トリプルライフを送れたら最高だとは思いますが、やっぱり叶わぬ願いでしょう。ああ、金が欲しい。

29 都会では犬のオシッコ禁止に？愛犬家よ、デュアルライフがおすすめです

デュアルライフを選んだ理由のひとつは、ワンコをノビノビさせたかったから

デュアルライフを考えたきっかけのひとつが、犬の存在でした。我が家が今の犬を飼いはじめたのは二〇一六年。その年には家探しを開始し、翌二〇一七年から都会と山の家の二拠点生活をスタートさせています。一人娘（人間の）に自然の中での生活を経験させたい、そして可愛いワンコ（♂）もノビノビさせたいという願いが、デュアルライフの核の部分にあるのです。山中湖村の周囲を歩いていると、同じ考えを持ってそうなたくさんの愛犬家に出逢います。

〝サブカルブカルオヤジ・パンク派〟を自認する僕が犬についてちゃんと語らなきゃと思うと、少し面倒なことになります。犬同士の血みどろな戦いを描いた、今ではあり得ない闘犬マンガ『白い戦士ヤマト』（高橋よしひろ　一九七六～一九八九年『月刊少年ジャンプ』連載）や、オオカミ混血犬・キ

バの放浪を描いたマンガ『牙王《きばおう》』(戸川幸夫・石川球太　一九六五〜一九六六年『週刊少年マガジン』連載)など愛読書のこと。テレビにかじりついて観ていたドラマ『犬笛』(一九七八年)や、『黄金の犬』(一九八〇年 ともに西村寿行原作) のこと。放送が待ち遠しかったムツゴロウさんの動物王国シリーズのこと。

果ては、ときどき頭の中でリピート再生されるイギー・ポップ&ザ・ストゥージズの名曲『I Wanna Be Your Dog』や、町田康がまだ町蔵を名乗っていた若かりし頃に率いたパンクバンド・INU、少数の知っている人だけが知っているバンド、東京タワーズの加藤賢崇が生んだ伝説キャラ・いぬちゃんのことなどまで触れなければと思うと、収集がつかなくなります。

そもそもそういうことではないし、ただ面倒くさいヤツだと思われるのが関の山、そしてまったく本題に移れなくなるのでそっちの話は割愛し、普通に我が犬とデュアルライフの話をすることにいたしましょう。

母から僕、そして娘へと三代続く犬好き家系ですが、特に東京のような大都会においては、その数十年の間で今がもっとも犬を飼いにくい時代であることは間違いありません。ポリティカル・コレクトネスやコンプライアンスの考え方が根づき、同調圧力が渦巻くこの世の中で、獣と一緒に暮らすなんて……。

だって犬ってどんなにしっかりしつけしても多少は吠えたり、よそ者と認識したら威嚇したり、外でオシッコやウンチしたり、そもそも臭いし汚いし。その存在だけでも人を不快にさせることもあると、人口密集地に住まう犬好きは自覚しなければならないのです。

でも、かわいいのよ！　イッヌって。ほんと、たまらんほどに。

我が愛犬クウ（ヨークシャテリアとトイプードルのミックス）は、僕がこれまで飼った三頭の中で、もっとも賢い犬です。お座り、お手、伏せ、待てなどの基本は子犬の頃、ほんの数回反復させただけで、何の苦もなく覚えました。

犬は基本的に一才を過ぎると新しいことを教えにくくなるものですが、クウは六歳になった今でも大丈夫。新しいことを次々と吸収して行きます。ただ、したたかなアダルトドッグなので、子犬の頃とは違い、食べ物で釣らなければ芸なんてやろうはしませんが。それと同時にクウは、これまで飼った中でもっとも気性が激しい犬であり、もっとも甘えん坊の犬でもあります。

テリアの血が入っているからでしょうか、喜怒哀楽に富み、気分によって行動も表情もクルクルと変わる面白い犬。大人になった今も、いたずら好きの側面もあります。犬のプロに言わせたらダメダメなのはわかっていますが、あまりにも人が好きでいつもベタベタしたがる犬で、それをかわいいと許してしまう家族の甘さもあり、子犬の頃からケージに入れることなく、家の中では完全にフリーで過ごさせています。夜は毎日、家族と一緒にベッドで寝ています。当然のように。

そのためか分離不安症気味で、留守番が大の苦手。ひとりで家に残すと腹いせのように、わかりやすく何かひとつ悪さをしておくのが常で、それをまるでゲームのように楽しんでいる節もあります。

こうして書いていると、ホントにダメです。全面的に飼い主の方の責任なのですが。

山の家に行くと、幸せドッグライフを満喫する愛犬と家族

東京の家から山梨県・山中湖村の家に向かう金曜日の夜、家族がバタバタと準備をしていると、クウもソワソワしはじめ、家族の誰かの足元にまとわりついてきます。でも、車に乗せて用賀インターから東名高速に入り、しばし走った頃には「ああ、そうか」と納得したかのように、安心して寝てしまいます。

そして到着直前に必ず察してムクリと起き上がり、窓外を見ながら「やっぱり山の家だ!」と言わんばかりに興奮しはじめます。途中の道でシカの姿でも見かけようものならギアはトップに入り、車を家の敷地に停めると鼻息荒く飛び出し、庭を猛ダッシュで約三周。家族と一緒に家の中に飛び

込んだあとも、専用ボックスからお気に入りのおもちゃを引っ張り出し、「投げろ投げろ」とせがんだり、「取れるものなら取ってみろ」と追いかけっこを仕掛けてきたりします。

朝起きると、すぐに散歩へ。こちらでは他の人や犬に出くわすことが少ないので、東京の家とは違って伸縮リードを思い切り伸ばし、あちらへこちらへと自由に散策させます。散歩の距離は必然的に長くなり、東京での散歩の倍以上の時間、歩き回ります。

湖畔や広い公園に連れていったときは、近くに人影やつながれて歩いている犬がいないことを確認したうえで、リードから外して思い切り走らせることもしばしば。デュアルライフをはじめた頃、東京の作法が染み付いている飼い主としては、外で犬のリードを外してもいいの？　と心配になりましたが、ほかの犬の飼い主さんは当たり前のようにそうしていました。

念のため、山中湖村のホームページで確認すると、東京の役所のホームページには必ずある「犬はリードでつないで云々」の一文がありません。そういうのは公的なルールとして通達するものではなく、安全に十分配慮しながら周囲の状況を見極め、飼い主が自己判断すべし、ということなのだと思います。

いろいろな意見もあるとは思いますが、やっぱりそれが当たり前であり、犬を飼いやすい環境と言えるのだと思います。翻って考えるに、現代の東京での暮らしでは、よほどしっかりケアしなけ

山中湖村にて。最高の表情で走る愛犬

れば、人と同様に犬もストレスを溜めやすいでしょう。

東京にいるときと比べて運動量が格段に多いからでしょう。山の家にいる間のクウは、ひとりでまったりと穏やかに過ごす時間が多く、あまり人にまとわりついてきません。これが正解なのかなあと思いつつ、ちょっと寂しいので無理矢理抱っこすると、かえって迷惑そうな顔をされます。

分離不安症は、人間の方が重症かもしれません。

30 脱サラしてフリーとなり十数年。改めて考える、仕事とデュアルライフ

雇われの身から逃れたが、仕事道具のケーブルでがんじがらめだった10年前

僕が勤めていた会社を辞めてフリーランス野郎になったのは二〇一〇年春のことでした。当時は、二〇〇八年秋に起きたリーマンショック後の世界同時不況による景気後退局面が続いていましたが、経済のことはよく分からないボンクラの僕ですから、そこは独立とあんまり関係がありません。いや、心の中で「なんか世の中アタフタしてるから、どさくさに紛れて脱サラしーちゃおっ」とうっすら考えていたふしはあります。

独立当初の仕事環境は、今とはかなり様相が異なりました。無線ＬＡＮは普及段階でしたが、なんだか頼りなさげで信用できず、仕事でネットを使うならやっぱり線でつないだ方が確実だと思っていました。Wi-Fiという文字もちょくちょく目にするようにはなってはいたものの、「なんて読む

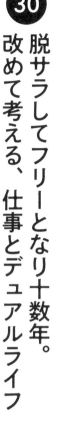

んだっけ？　ウィフィ？……じゃなかったな。人前で口に出すのはやめよう」などと思っていたものです。ですから、自宅の一室をワークスペースに仕立てあげた際には、ＬＡＮケーブルにつないだパソコン、そのパソコンとケーブルでしっかりつないだプリンター＆スキャナ＆外付けハードディスク、そしてＦＡＸ付きの有線電話を並べて仕事に臨んでいました。

ちなみに初代iPadの発売は、僕の独立記念日と同じ二〇一〇年四月です。新しもの好きな僕はすぐに飛びつきましたが、セルラーモデルではなくWi-Fiモデルを選んだため、外ではなかなかネットにつなげることができず、ほとんど家の中専用機でした。

しかしそれからわずか数年間で、大きな変化が起こります。ノマドワークという概念と言葉が広まったのは二〇一三〜一四年のこと。世の中の公衆無線ＬＡＮスポット、いわゆるアクセスポイントが加速度的に増加し、外出先でネットを使いやすい環境が整いました。コワーキングスペースという変てこな新語に耳が慣れるのにも時間はかかりませんでしたし、カフェでMacBookを開き、スマートに仕事をこなす人をしばしば目にするようになったのもこの頃です。

考えてみると、Wi-Fiとクラウドとタブレットの普及がなければ、もしかしたら僕はデュアルライフをはじめていなかったかもしれません。いくらフリーランサーと言えども、自宅の自室という各種ケーブルでがんじがらめの仕事専用空間がなければまともに働けなかったとしたら、東京をしばしば離れることなど考えられないのですから。

別荘というのが、昔はお金持ちの代名詞だったのも当然です。現役世代でも会社で高い地位にいる人ならば、いっとき完全に仕事から離れて優雅な週末時間を過ごすことができたのでしょう。それにもしも緊急の仕事が発生しても、電話一本で部下を動かして処理することができたり、お抱え運転手付きのハイヤーを飛ばして東京に戻れたりする人でなければ、安心して別荘暮らしなどできなかったはず。我が家のような貧乏暇なしの庶民世帯がデュアルライフを実現できたのは、ＩＴの進化によるところも大きいのだと思います。

なにしろ今や、東京の家から山の家に移動するとき、持っていく仕事道具といえばiPad airとApple Pencilだけですからね。ありがたや、ありがたや。

フリーランサーにとっては仕事をやりやすい状況

さらにここのところ、社会は変化のスピードを上げています。

二〇一九年四月に実行段階に入った政府肝いり政策である働き方改革が、コロナ禍によって否応なしに急加速させられてからの変動は、〝革命〟と呼んでもいいのではないかとさえ思います。多くの人々が強制参加させられたリモートワークは、結果的に壮大な社会実験となりました。そして人とリアルで対面しなければできない仕事というのは意外と少ないことが、はからずも証明されます。世の中の大半の人がそうした認識を持ってくれるようになれば、フリーランスのデュアラー（二拠点生活者）である僕のような人間は、ますます仕事がしやすくなります。現在の僕の仕事でリモート化が不可能なのは、雑誌や書籍に掲載する写真撮影の立ち会いくらいで、その他の仕事はおおよそすべてリモートで処理できます。

今でも打ち合わせや取材はやっぱり対面でという人も少なくはないですが、〝対面が難しければリモートで〟という選択肢があるのとないのとでは大違いです。ましてや、僕の今の仕事の中心である原稿書きなどは、パソコンどころかタブレットひとつあれば、いつでもどこでも１００％の仕事をすることができます。

ところで、僕の独立後の成績を収入という観点で測ると、良い年もあれば全然ダメな年もあり、かなりのジグザグっぷりです。こんな仕事でもコロナ禍の影響は少なからずあり、シビアな低空飛行をしました。収入の面でサラリーマン時代と大きく違うのは、こんなふうに世の中の荒波をモロにかぶること、そして出世によるベースアップや業績向上による賞与を期待できないということでしょう。

でも、そこはあまり気にしていません。ええ、痩せ我慢ではなく。まあヤバいっちゃあヤバいんですが、本当に大丈夫だと思っています。そもそも今の僕にとって、働くことのモチベーションは収入増ではありません。もちろんある程度の彩りある生活をしていくためには、それなりの収入が必要です。でも、身に余る大きな収入と引き換えに、家族と過ごす時間だったり、一人でじっくりものを考える時間だったり、趣味を存分に楽しむ時間だったりを犠牲にしなければならないのであれば、それはいかがなものかと思うのです。

今日明日の食べ物を買うために働かなければならない発展途上国ならいざ知らず、我々が暮らす日本のような超先進国（一時期の輝きは失われているとしても）では、幸せを感じる基準が多様化していて、出世して大きな収入を得ても主観的な幸福度は上がりにくいことが知られています。

その逆もしかりで、出世やそれに伴う収入増と縁を切ったからといって、不幸だと感じやすいわけではないのです。僕の場合、今のようにフリーで受注する編集&原稿仕事であれば、いつまでも続けられると思っています。別に富豪にならなくても良いから、死ぬまで食うに困らない程度の一定収入さえあればいい。自然豊かな環境の中に建つ小さな山の家で、愛する家族とワンコと友達、そして本や漫画やレコードに囲まれながら持続可能な暮らしができるならば、それ以上に望むものなどあるものかとさえ思います。

東京暮らしの終わり方を真剣に考え出すきっかけとなった、東京の家の驚愕の電気代

ところで。東京の家の二月（本稿執筆時、二〇二二年）の電気代は、驚愕の58719円でした。ハッハッハ。笑いごとじゃないのですが、やっぱり笑うしかありません。この冬は確かに会社員である妻も家でのリモートワークが多く、我が家は一日中、二部屋で暖房をつけっぱなしにしていました。しかも妻は、電気をよく食うダ◯ソンの温風扇風機を朝から晩まで愛用していたからなあ。そ・れ・に・し・て・も、5万8千円って！

この冬は極端だったのだと信じたいですが、今年は〝値上げの春〟と言われ、電気料金のさらなるアップも告知されています。さらに、これからロシアやら円安やらといった諸問題に拍車がかかり、生活必需のさまざまなものがガンガン値上がりし続けるとしたら、もうホントにヤバヤバです。デュアルライフなんてしている場合ではありません。破綻です。

でも、万が一そんな状態になって家をひとつにまとめなければならなくなったら、今ならきっと東京を引き払い、山の家一軒にするかもなーとぼんやり考えます。

二〇二二年一月一日時点の東京都の推計人口は、1398万8129人で、昨年の同期から4万8592人減ったという発表がありました。東京都の人口が通年で減少したのは、一九九六年

以来、二十六年ぶりなのだそうです。これはコロナの影響だと指摘されていますが、コロナが落ち着いても物価高騰が続くようであれば、生活費がかさむ東京からの脱出を真剣に考える人がますます増えるのではないかと思います。

我が家の場合、都心の会社に通うサラリーマンの妻や、これから高校・大学の受験を控える中学生の娘、また都内の介護施設で暮らす年老いた両親のことなどがあり、そう容易すく東京脱出などできないと分かっています。

でも、自分の生きているうちに起こるとは思わなかったようなまさかの事態を次々と目の当たりにさせられている今の状況から、そんなこともまじめにシミュレーションしておかなければと考えています。人は誰しも〝正常性バイアス〟という脳の認知機能を持っているため、「自分だけは大丈夫」と思い込み、我が身に降りかかりつつある大きな災厄から逃げ遅れることがあるのはよく知られています。もしかしたら今の自分も、周囲の人々も皆、正常性バイアスによって逃げ遅れつつある茹でガエルなのかもしれないと考えると、空恐ろしくなったりするのです。

ただ、目下の問題はとにかく電気代！　ホント、頼んますよコレ。どうにかなんないかな〜。

山の家の仕事机はシンプル

31 デュアルライフのゴールデンウィーク ～楽器とゆる登山とワークマン～

楽器を遠慮することなく鳴らすことができる山の家

山梨県・山中湖村の我が〝山の家〟には、電子ピアノとコルネットがあります。どちらも鳴らすのは、もっぱら中二の娘。小さな頃からピアノを習い、中学では吹奏楽部に入ってトランペット担当になった娘は、楽器が大好きなのです。

我が家がメインで暮らす〝東京の家〟にも、娘用の電子ピアノとトランペットがあります。でも世田谷の住宅地では、それらの楽器を思い切り鳴らすことなどできません。音量を絞ったりヘッドフォンに接続したりできる電子ピアノはまだしも、ミュートをつけてもそこそこの音量が出るトランペットは、東京の家ではご法度です。

このゴールデンウィーク、我が家は休日のほぼすべてを山の家で過ごし、娘はその間、ふたつの楽器を思い切り楽しみました。山の家といっても、人里離れた〝ポツンと一軒家〟ではなく、周囲には永住組の人たちの暮らす家がたくさんありますが、ひとつひとつの家の間隔は東京のそれよりずっと開いているので、大きな音が出る楽器を鳴らしても迷惑にはならないのです。写真家ご夫婦のお隣さんちにはグランドピアノがあり、ときどき弾いている音が聞こえてきますが、程よい距離で〝天然ミュート〟された、静かないい音色です。

ゴールデンウィークのような長い休みの間は、耳を澄ますとあちらこちらからさまざまな楽器の音が、風に乗ってふわっと聞こえてきます。娘はさすが吹奏楽部員で、「あれはアルトサックス、こっちはユーフォニアム」などと聞き分けて教えてくれます。多分、別荘に暮らすおじいちゃんやおばあちゃんを訪ねてきた少年少女が、ここぞとばかりに練習しているのでしょう。ややたどたどしい音を聴いていると、うちの子の仲間がいるな～と微笑ましい気分になります。

ところで、娘はトランペット吹きなのに、なぜ山の家にはコルネットがあるのかといえば、少々事情があるわけです。実はこのコルネット、遠い昔の学生時代、僕が自分用に買ったもの。コルネットはトランペットの親戚なので、指遣いやキーは同じです。だから娘が練習に使えばいいと思い、最近譲りました。

学生時代、音楽サークルに所属していた僕は、いくつかのバンドを掛け持ちしていました。ある年の学園祭のときにはスカバンドを組み、その演奏のためにと思ってこのコルネットを買いました。スカも本来ならトランペットが合うのですが、敢えてコルネットを選んだのは、その頃たまたまビデオを借りて観た映画『五つの銅貨』（一九五九年・アメリカ）の影響でした。実在のコルネット奏者、レッド・ニコルズの半生をダニー・ケイが演じたこの古い映画はとてもいい作品です。

でも飽きっぽい僕は、上達する前にコルネットをほっぽりだしてしまいました。いつかは再び練習しなければとずっと心に引っかかったまま、三十年も放置してしまったコルネットに、娘という新たな吹き手と、山の家という演奏場所が見つかり、本当に良かったと思います。

トランペットが都会的で華やかな音色なのに対し、コルネットは牧歌的で穏やかな音色なので、より山の家に合っているような気もします。コルネット君もきっと満足でしょう。今まで放っておいて、本当にすまんかった。

娘の願望を叶えるため、一家で慣れない登山に挑戦

その娘はゴールデンウィーク中、吹奏楽部の友達とひとつの計画を立てていました。山の上でトランペットを思う存分吹き鳴らそうというのです。目指す山は、娘の友達の家の別荘に近い長野県

の車山。

僕は〝車山〟と聞いて、少々前のめりになりました。小学生のとき、林間学校で登ったことのある山だったからです。僕は登山にはほとんど興味がなく、これまでの人生で登った山は数えるほどしかありませんが、その中で特にいい思い出として残っているのが車山。草原が広がる爽やかな景色が、頭の中に蘇ってきました。

車山がある蓼科までは、机上の計算では東京の家から車で三時間強、山中湖からだと二時間弱で着きます。たった一時間程度の違いですが、ゴールデンウィークのような休み期間はここに渋滞の時間を加算しなければならないので、この差が大きく響きます。東京を起点にする場合は、どこかで必ず長い渋滞に巻き込まれることを覚悟しなければなりません。でも山の家が起点だと渋滞はほぼ避けられるので、移動の負担がぐっと低くなります。そういうところも、デュアルライフのメリットといえるでしょう。

車山は標高1925メートルのなかなか立派な山ですが、冬はスキー場となるため、中腹まで車で行けて、駐車場から頂上までは二段階のリフトで登ることができます。だから素人の僕でも恐れることは何もないのですが、せっかくなので、せめて最後のリフトはパスし、ちゃんと自分の足で登ろうと誓いました。

それに僕はこの機会に、昨年ワークマンで買ったトレッキングシューズ（FieldCore 高耐久シューズ アクティブハイク）を試そうと考えていました。この靴を購入して以来、山中湖村のちょっとしたアウトドアシーンで履いてきましたが、税込1900円という驚きの低価格にもかかわらず、とてもスタイリッシュなうえに履き心地抜群で、めちゃくちゃ気に入っていました。この靴をぜひ、山登りデビューさせてあげたかったのです。

登山前日、「この靴さえあれば、山など怖くないわ。わっはっは」と自慢すると、なぜか我が妻は刺激を受け、一人で車に乗って富士吉田市のワークマンへ向かいました。残念ながら僕のと同じトレッキングシューズは人気で、ちょうどいいサイズが売り切れていたそうですが、ワークマンで大ブレイクした妻は、上から下まで全身分、FieldCore（ワークマンのアウトドアライン）の服を買ってきました。僕に輪をかけて登山ど素人の妻。まさに泥縄です。

ワークマンのトレッキングシューズは、〝山の素人〟にも優しかった

かくして山の素人一家は、娘の友達親子と合流し、車山登山に挑みました。その日の天気は快晴で、絶好の山登り日和。小学生のときに難なく登った山ですから当然と言えば当然ですが、途中でへこ

たれることなく、気持ちよく頂上に到達することができました。

そしてワークマンのトレッキングシューズはといえば、やっぱり最高でした。きっと山登りを趣味とする本格派に言わせたら物足りない点もあるのかもしれませんが、僕のような超初心者が遠足レベルの山に登るのであれば、これ以上のものはありません。ホールド感はバッチリで靴擦れを起こす気配はなく、ガッチリとしたアウトソールは岩場でも滑らず、防水性もバッチリでぬかるみに踏み込んでも水が染み込むことはありませんでした。

全身ワークマンの機能性ウェアで固めた妻も、やや重めの足取りながら気持ちよさそうに登っていました。ワークマンって、やっぱりすごい。僕らのような〝にわか〟が、張り切って高いお金を出して立派な登山道具を揃えても、どうせろくに使いこなせないことは明らか。ワークマンはコスパ的にも機能的にも、そういう初心者の心強い味方になってくれるのです。

ちなみに、登山用のウェアも靴も持っていない中二娘は、普段着とスニーカーでしたが、友達と一緒に我々グループの先頭に立ち、涼しい顔ですいすい登っていました。いいね、若いって。

ゴールデンウィーク真っただ中だったため、車山は登山道から山頂まで大混雑で、人の目が気になる盛りの中二コンビはなかなかトランペットを吹こうという気にはならなかったようです。でも山頂から伸びる尾根伝いのトレッキングコースへ進むと、人通りの少ない絶好のスポットが見つか

旧式の電子ピアノはハードオフにて9900円で購入。

り、念願かなってトランペットを吹き鳴らしていました。山の上で聞くトランペットの音色はなかなか乙なもので、付き添いの我々大人も聴き入り、優雅な時間を過ごすことができました。

そんなひとときを小一時間も過ごした頃だったでしょうか。ビロウな話で恐縮ですが、僕は突然便意を催すと瞬く間にのっぴきならない状態に。仕方がないので、「悪い！　先に下山するわ」と言い残し、ひとりで下りのリフト乗り場へと向かいました。山に登るときは、麓でトイレをしっかり済ませておくことが鉄則ですね。そんなことも知らないほど、僕はやっぱりど素人だったのです。

山の中なんだから、いざとなったら〝野《の》〟で済ませばいいじゃないか、と思うかもしれませんが、車山は見渡す限り草原の山。視界を遮る木がないので、360度パノラマの絶景を楽しむことができるものの、このときはそれが仇となりました。なにしろその辺でしゃがみこもうものなら、遠くからでも丸見えなのですから。

そんな車山の下山道を変な歩き方で急ぐ僕のおぼつかない足も、ワークマンのトレッキングシューズはしっかり支えてくれました。ありがとう！　変なまとめですみません。

あ、ナニは間に合いましたよ。

32 虫に刺されやすい体質の僕が、山の家暮らしで見つけた最強の撃退法

誰よりも早く「蚊がいた！　刺された！　かゆい！」と大騒ぎ

春のはじめにホーホケキョと鳴くウグイスは〝春告鳥（はるつげどり）〟という風流な異称が付けられています。では、初夏に「蚊だ蚊だかゆいかゆい」と喚く僕は、さながら〝夏告親父（なつつげおやじ）〟でしょうか。我ながら、びっくりするくらい風流ではありませんが。世の中には、並はずれて蚊に刺されやすい人がいるものです。僕はまさしくそれで、今くらいの時期になると毎年誰よりも早く、「蚊がいた！　刺された！　かゆい！」と大騒ぎし、家族に季節のうつろいを感じさせています。

蚊に刺されやすいのはどういうタイプなのかを例示した記事をよく見ます。興味はないと思いますが、僕に当てはまるかどうかも確認しつつ、見ていきましょう。

・汗をかいている人　○　僕は相当な汗っかきです

・お酒を飲んでいる人	×	下戸なのでほとんど嗜みません
・血液型O型の人	○	性格も典型的とよく言われます
・体温が高めの人	×	最近の平均体温は35度台です
・黒い服をよく着ている人	○	バンドTシャツが好きなので
・肥満傾向で丸っこい体型の人	○	ちくしょう！と憤りつつ
・足（特に裏）が臭い人	×	僕は無臭族
・よく動く人	×	普通だと思います

自分には関係ないので省略しましたが、子どもや妊婦も刺されやすいのだとか。信憑性の高そうなものから眉唾なものまで混ざっていますが、リストの多くは、〝人間の吐き出す二酸化炭素や体温を感知して寄ってくる〟という蚊の特性を根拠にしているようです。こうして見ると確実に当てはまるのは半分だけであり、どうも自分が体質的に極端なほど刺されやすいタイプというわけではないということがわかります。

そこでひとつの仮説なのですが、僕は〝人より蚊に刺されやすい人〟というよりも〝蚊に刺されたことに気付きやすい人〟なのではないかと思うのです。蚊は動物の血を吸う際、固まった血液でマイストローが詰まるのを防ぐため、血液サラサラ作用のある唾液的なものを事前に注入することはよく知られています。その唾液的なものに対するアレルギー反応がかゆみになるのですが、僕は立派なアレルギー体質。いろんなアレルゲンにいちいち反応しながら、この歳（五十二歳）まで生きてきました。つまり人と同じように刺されているだけなのに、蚊の唾液的なものに人一倍過敏に反応するため、「かゆいかゆい」となっているのではないかと思うのです。知らんけど。

蚊よりも厄介なブヨやアブが跋扈する山の家周辺

まあそういうわけで、僕にとって蚊は、夏の天敵です。あいつらは気色悪いことに、卵から幼虫であるボウフラの期間を、よどんだ水の中で過ごします。だから水が豊かな山梨県・山中湖村の我が家周辺にもたくさんいそうなものなのですが、向こうに行っている間はあまり刺されることはなく、東京の家にいるときの方が厳しい闘いを強いられます。

それはおもに、気温によるもののようです。蚊は気温26～31度で活発になるといいます。月間の平均最高気温が五月から25度を超え、八月は32度台になる東京とは違い、山中湖村の月間平均最高気温は七～八月でも26度台。蚊にとって、どちらの方が暮らしやすいかは一目瞭然です。

とはいえ油断はなりません。山中湖村で過ごしていると、蚊よりも厄介なブヨ（正式名称はブユ、関西を中心にブトとも呼ばれる）がいるからです。よどんだ水溜りのようなところで発生しやすいボウフラとは違い、ブヨの幼虫はきれいな水辺に生息します。そのうえ、気温20度前後のときが一番活動的と言われていて、七月も八月も平均気温21度台の山中湖村は、とても活動しやすい環境のようです。このブヨにも、僕はよく刺されるのです。

ブヨに刺されると本当に面倒臭いです。かゆみは蚊より数段強く、しかも長引き、何度もぶり返してなかなか治りません。自前の極細ストローを肌に突き刺すだけの蚊とは違い、ブヨは獲物の皮膚の一部を噛みちぎり、やはり唾液的な毒素を注入したうえで吸血します。そのため激しいかゆみを引き起こすとともに、刺されたところがなかなか治らないのだそうです。ブヨは蚊ではなくハエの仲間。外見も小さなハエそのものです。

そしてハエの仲間でもっとヤバいのがアブです。アブも動物の血を吸う昆虫だということはよく知られていますが、実際にやられた経験がある人は少ないと思います。僕もデュアルライフをはじめる前は「あれでしょ？　牛を刺すやつでしょ？　関係ないね」と思っていました。

ところが山中湖村にはこいつもたくさんいて、僕は何度も刺されています。刺された瞬間は気づくことが少ない蚊やブヨと違い、大きなアブはチクリという痛みが走ります。慌てて手で払っても後の祭りで、刺されたところは大きく腫れて赤くなり、痛みを伴う強いかゆみに襲われます。

豊かで美しい自然と引き換えに、山の家の夏はそういう不逞の輩に悩まされます。だから夏でも庭のハンモックで寝転んだりするときは長袖シャツ&長ズボンで過ごした方がいいのでしょうが、夏はやっぱりTシャツ短パンでしょ！　と思っている僕は、違う方法でそうした害虫と対峙しています。

パワフルな害虫に対抗する、最強蚊取り線香と最強軟膏

僕ぐらい虫に刺されやすい（あるいは前述のとおり、虫刺されに敏感に反応しやすい）人間になると、ほのかに香る虫除けリングやアロマキャンドルなどというヤワでオシャレなものでは、まったく効果がありません。虫除けスプレーや腕時計型の蚊よけマット、超音波発生装置なんかも一通り試してみましたが全然だめ。長年にわたり試行錯誤してきた結果、一番頼りになるのは結局、昔ながらの蚊取り線香であるという結論に至っています。

そして、蚊が多い東京の家では普通の蚊取り線香でいいのですが、ブヨやアブといったさらにパワフルな吸血鬼がウロウロしている山の家では、〝最強〟の呼び声高い赤い蚊取り線香を愛用しています。その名は「パワー森林香」。

緑に囲まれた家なので虫は多い

最近はキャンプ好きの人の間でも人気なのでご存知の方も多いと思いますが、「パワー深林香」はもともと、林業従事者向けに開発された強力蚊取り線香。火をつけると立派な煙がモクモクと立ちのぼり、その中には普通の蚊取り線香よりずっと効果が高い虫除け成分が含まれているそうです。これを使うようになってから、嫌な虫に刺される回数はだいぶ減りました。効果の高さは保証しますので、僕と同じような虫刺され体質で、外で過ごすことが多い人はぜひお試しを（ちなみに「パワー森林香」は強力すぎるので、屋内で使うことはできません）。

それでも虫に刺されてしまったときのため、僕が常備し、夏場は必ず携行しているのは、やはり昔ながらの塗り薬「タイガーバーム」です。一八七〇年代にシンガポールで開発された「タイガーバーム」は消炎鎮痛作用のある軟膏で、かつては肩こりから虫刺されまで、多くの効果がある〝万能薬〟として知られていました。

しかし、いろいろな大人の事情があるのでしょう。現代の「タイガーバーム」のパッケージに記載されている効能・効果は、「肩のこり、腰痛、筋肉痛、うちみ、ねんざ、神経痛、関節痛、リウマチ」と限られ、虫刺されは見当たりません。でも僕の長年の虫刺され経験から言わせてもらうと、やっぱりタイガーバームが一番効くのです。ただしこれは正式な効果効能ではないので、使うなら自己責任で。僕は完全に自己責任と割り切って、虫刺されに塗っているのですから。

なんてエクスキューズをしつつ、「タイガーバーム」が好きすぎて使い終わった空き瓶もなかなか捨てられない僕から、空き瓶の有効活用法をひとつご紹介します。コーン型のお香の、香炉がわりにするのです。お香は使い終わったあとの灰の処理がやや面倒なものですが、タイガーバームの空き瓶の中で炊けば、火が消えたのちフタを閉めておしまいです。フタをするとしっかり消火されるので、万が一残り火があっても心配ありません。それに、タイガーバームの瓶の中から煙をあげるお香というのも、なかなかキッチュで面白いですよ。

なんだか蚊の話からだいぶそれましたが、今回はこのへんで。

33 隣家との境がない山の家では必須。ドッグランをDIYで作りました

隣接する家と家との境界が曖昧な山の家

東京で生まれ育ち、働き、家族をつくってきた僕は、田舎で暮らしたことがなかったシティボーイおじさんなので、東京・世田谷区の本宅のほかに、山梨・山中湖村の山里に家を設けて二拠点生活をはじめたときには、都会との暮らし方の違いに驚かされることが多々ありました。

数ある驚きのうちのひとつが、こちらでは隣接する家と家との境目が曖昧なことです。我が〝山の家〟の右隣りは、写真家ご夫妻が住む住居兼写真ギャラリー、左隣りは空き地になっています。その両方とも境界に塀などはなく、この辺かな？　と思われるあたりには、垣根がわりの木がまばらに生えているだけ。その木は意図的に植えたられたものではなく自生で、境界あたりにたまたま生えていたため誰も手をつけず、なんとなく残されているようです。

ご近所を見ると、中には自分の敷地をフェンスや垣根で囲っている家もありますが、多くはうちのように、隣との境界が曖昧なままにされています。東京のような都市と比べると一軒一軒の敷地はだだっ広く、各家の庭も使っていないスペースが大きいので、「ここからここまでがうち！」と声高に主張するのは、馬鹿馬鹿しいことのような雰囲気なのです。

おおらかで解放感があり、これはこれでいいのですが、僕は〝山の家〟に住みはじめた当初、困ったぞと思いました。困惑のもとは、犬です。犬を〝山の家〟に連れてきたときは、庭を思い切り走り回らせてやりたいのに、境界に塀がないと、すぐにどこかへ行ってしまうのではないかと思いました。かと言って塀を新設するのはこの土地の流儀に反しているようだし、第一、余計なお金がかかります。

そこでまず考えたのは、敷地の外周に自力でソフトな囲いを作ることでした。ホームセンターで大量の木製くいとナイロン製ネットを購入し、高さ80センチくらいのネットを張りめぐらせました。しかし、「さあこれで一安心」と思ったのも束の間、我が家の活発な可愛いワンコは、ネットのつなぎ目や地面との間のすき間をたやすく見つけ出し、やがてそこから「行ってきまーす！」と言わんばかりに、元気よく脱出するようになりました。もちろんそういうことがあるたびにそこを補強したのですが、犬というのは賢く、すぐに新しい脱出口を発見してしまうので、まるでイタチごっこです。

犬に抜け出され、野生シカに踏みつぶされ、あきらめたネットフェンス作戦

そしてあるとき、ネットの一部が何者かによって踏みつぶされて大きく開き、もはや役割を果たさなくなるという事件がありました。犯人は、このあたりにたくさん棲息している野生のシカでした。踏みつぶされたネットは何度修復しても、しばらくすると同じ場所が破られます。我が家の庭は、野生シカが山から降りてくる際のけものみちにされていたのです。

そして我がワンコは、ネットがつぶれた部分から、これ幸いと出入りする始末です。設置から一年も経たないうちに、この作戦は失敗であると思い知らされました。やがて修復することもあきらめ、ネットはあちらこちらにすき間が開いたまま放置するようになってしまいます。

そしてその後の何年間か、改めて囲いを設置せずに過ごしました。というのも我が家のワンコ、トイプードルとヨークシャテリアのミックス犬・クウちゃん（♂）が思いのほか賢い犬だったからです。人間でさえはっきりわかっていない我が家の敷地の境界線がどこにあるか、この犬は認識しています。見ているときにそこを踏み越えそうになるたび、「ノー！」「ダメ！」と声をかけていたら、いつしか出ることが少なくなっていきました。

もちろん賢い犬だけに、今でも隙あらばこちらの目を盗んで脱出しようと試みますが、出てしまっ

ても遠くまで行くことはなく、家の周囲を少しだけうろうろして満足したら、勝手に「ただいま～」と帰ってきます。だったらこのままでいいかもしれないと思い、結局、ネットはすべて撤去。我が家と隣家の境界線は何もない元の状態に戻しました。

新しく迎えたジャックラッセルテリアのために、庭に運動場を新設

しかしこの春、我が家に新しい展開がありました。二頭目の犬を迎えたのです。

静岡のブリーダーのもとに通って相性を見定め、生後三ヶ月を過ぎた時点で我が家に迎え入れた新しいワンコは、ジャックラッセルテリアの女の子。名前は「ホク」と名付けました。

先住犬のクウは、僕にとって生涯三頭目にしてはじめてのテリア系の犬でしたが、僕はこいつによってテリア種の魅力にすっかりやられてしまったようです。やたら元気で聡明だけど、喜怒哀楽が激しく、勘が強くて手こずる人も多いというテリア。面倒臭い面も多いけど、僕はいつしか、その思いっきり犬をやっている感じの愛らしさに魅了されるようになり、次に飼うのもやはりテリアだなと思うようになっていました。

そしてテリアの中でももっとも活動的で性格が激しく、ものの本やネット情報では〝初心者が飼っ

楽しそうに走り回る二匹

てはいけない犬〟とされるのが、ジャックラッセルテリアです。でも僕もこれで生涯四頭目だし、クウが初ドッグだった妻と娘も、この六年間の経験で犬の飼い方にすっかり慣れ、もう初心者ではありません。ここらで一発、小型犬ながらハードルの高い犬種であるジャックを迎えようではないかということになったのです。

そして我が家にやってきたホクちゃんは予想通り、激しくパワフルな体育会系女子でした。まだ生後四ヶ月ですが、先住犬のクウをビビらせるほどの体力を持ち、追いかけっこでもプロレスごっこでもまったく引けを取らず、既に部分的にはクウを圧倒している面さえあります。

山の家に連れてくると、彼女は一際嬉しそうに庭を走り回るのですが、ここでいったん忘れかけていた問題が再浮上しました。この元気娘が家の敷地を飛び出したらどうなるか……、と考えると空恐ろしいのです。もしかしたらシカを追っかけて山の奥の方まで行ってしまい、戻ってこられなくなるかもしれません。

そんな理由によって我が〝山の家〟の庭の一部に、犬専用の運動場を新設することにしたのです。前回の反省を踏まえ、ドッグランの素材はやわなネットではなく、金属製のフェンスを使うことにしました。材料はすべてカインズで購入。ひとつ二メートルのフェンスを十二枚使い、一辺が6メートルの正方形の囲いを作ることにしました。設置作業は僕一人でおこない、途中でへこたれそうになるほど大変ではありましたが、朝から夜まで丸一日かけて完成。炎天下で汗だくになりながら頑張った甲斐あり、なかなかいい感じのドッグランができたのではないかと思います。

あとはこのボウボウに生えた草を処理してあげたいところですが、今回は力尽きたのでここまで。いずれは雑草を抜いて芝生などを植え、完璧なドッグランを整えたいと思っています。とりあえず我が家の二匹の兄妹ドッグズには大好評で、喜んで走り回っています。その姿を見るだけで、ああ作ってよかったな～と思うのです。

34 デュアルライフ派の〝山の家〟内部は、こんな感じです

八月最後の週末を過ごしにきたら、天気が悪かったので……

全員コロナに感染し、二〇二二年のサマーバケーションシーズンの前半を台無しにしてしまった我が家。回復したお盆の頃から、さあ夏を取り戻せ！　とギヤを入れ替えたのですが、僕が張り切って、「湖でカヤック乗ろうぜ」「山に登ろうぜ」「バーベキューしようぜ」などと誘っても、中学生の娘はいまいち乗ってきません。友達との約束やら夏期講習やら部活やらで、忙しいのです。こうして少しずつ親離れしていくのか……としみじみしつつ、八月最後の週末にやっと家族の休みが揃ったので、山の家へと繰り出しました。

しかし天気予報によると、がっつり遊ぶつもりだった日曜日の空模様があまりよくなさそうです。そこで雨の日こそのお楽しみとして、前からやってみたかった〝庭キャンプ〟を実行しようと、前日

の夕方から準備をはじめました。僕はキャンプ素人ですが、仕事の関係で手に入れたpeace parkというブランドのティピー型テントを持っています。未使用だったそのテントをおろし、庭に張ってみたのです。

テントは思いのほか大型で、展開できそうな平らで広い場所を庭で探すと、つくったばかりのドッグランの中しかありませんでした。犬たちには「すまんね」と言いながら、せっせとテント設営します。僕にとってはテントを張ること自体が初めての体験でしたが、説明書を見れば簡単で、二十分ほどで完了しました。

床面が大きく天井が高いからでしょうか。設営したティピー型テントの中に入ると、想像以上に広々と感じました。peace parkのコット、そして山の家の室内で使っているヨギボーまで中に持ち込み……。うん、完璧！

コットにゴロンと寝転がると、自分ちの庭にいるのを忘れそうなほどの非日常的感覚です。心がすうっと浄化されていく感じがしました。夕闇に包まれるテントの中で、四方からの虫の声を聞いていたらだんだん眠たくなってきて、心配した家族が呼びにくるまで小一時間ほど眠り込んでしまいました。

翌日は予報通り、朝から篠つく雨が降っています。テントの中にモバイルスピーカーやお茶セットを持ち込み、テントを打つ雨の音に耳を傾けながらのんびりまったりしていたら、娘&妻、それに二匹の犬までドヤドヤと入ってきて、テントの中は急ににぎやかになりました。〝庭テント企画〟は、どうやら家族にも大ウケ。みんな楽しそうにしています。雨の日のエンターテインメントとしては、もってこいだったのかもしれません。

〝山の家〟の部屋をご紹介します。ルームツアー開始！

外は雨なので、我が〝山の家〟のルームツアーをしようと思います。山中湖の湖畔から少し山を登ったところにある我が家は、一九八〇年代に建てられた山小屋風二階建家屋です。緩やかな斜面に建っている家なので、玄関までのアプローチはコンクリートづくりの階段を登っていきます。

玄関を入って見渡すとそこは、生活の中心地となるリビングダイニングルーム。広めの空間なのでソファとテーブルで区切り、一方をダイニング、もう一方をリビングとして使っています。ダイニング側のキッチンカウンター前にあるブランコチェアは、僕がDIYで天井から吊るしたもの。一応、スペック上は120キログラム以上の荷重に耐えられるようにつくっているのですが、自分でやったものってなんとなく心配で、体重の重い僕自身はどうも座る気になりません。ここに座るのは、体重制限的に余裕のある娘ばかりです。

リビングのソファに対向する窓際の棚には、テレビやレコードプレイヤーを置いています。脇にはミニピンポンやダーツ、マッサージチェアなどもあるので、皆ここでくつろいだり遊んだり、自由気ままに過ごします。

一階の奥はこの家唯一の和室で、六畳の広さです。掘りゴタツがあるので、寒い冬はみんなでここに集まって過ごすことが多いのですが、夏場は基本的にお客さん用の部屋となります。お客さんが来ないときは、畳の上に置いた文机で僕が仕事をしています。

洗面所の鏡やライト、シンクなどは元からあったものではなく、この家を購入した際にセレクトして設置したもの。そして風呂場には我が家のアピールポイントである、一人用サウナがあります。サウナブームの昨今、「自家用サウナがある」と言うとうらやましがられることが多いのですが、実は我が家においては〝宝の持ち腐れ〟状態です。僕をはじめ家族みなサウナがやや苦手で、これまでに数えるほどしか使ったことがないのです。サウナの良さに目覚める日が来るかもしれないので、メンテナンスだけは欠かさず、いつでも使えるようにキープしておこうと思っています。

二階の部屋と今後の展望

吹き抜けになっている階段の途中には、二人の写真家のオリジナルプリントを飾っています。左の富士山はお隣に住む冨塚晴夫さんの写真、右の木は以前よく仕事をした角田みどりさんの写真です。

階段を上がった先にはちょっとしたコーナーと収納棚があり、アウトドア用のふかふか椅子を置いています。収納棚の中にはマンガがぎっしり。ちょっと読み返したいマンガがあるときは、飲み物など持ってここへきます。

二階には、二つのベッドルームがあります。南側は子供のために用意した部屋ですが、一人で部屋にこもることが嫌いな娘はほとんどここを使いません。いつの間にか誰の部屋というわけではなく、僕と妻が交互に仕事をしたり、寝たりするための部屋となりました。山中湖村は標高が高く、夏も過ごしやすい気温の避暑地なのでどの部屋にもクーラーはありません。でも南向きのこの部屋は、真夏はけっこう暑くなるので、冷風器を置いてあります。この部屋の壁には、僕が大好きな漫画家/イラストレーターの鴨沢祐仁（一九五二―二〇〇八）のジークレー（版画）を飾っています。

もうひとつのベッドルームはキングサイズのベッドとマンガ中心の本棚。そしてここにも仕事机

ブランコチェアとリビングダイニング

を置いています。北向きのこの部屋は、窓から遠くに山中湖、その向こうには南アルプスの峰々が望める、見晴らしの良い場所。ここに座って窓からの景色を見つつ仕事をすると、気分が良くてはかどります。

東京の我が家で一番場所を取り、圧迫感を感じる元凶になっているのは本です。山の家には要所要所に本棚を置き、東京の家から運んできた本やマンガを置いていますが、東京の家にはこの何倍もの本があって、どうしたものかと思っています。山の家ではできるだけスッキリおしゃれに暮らしたいと考えている我が妻に阻止され、これ以上の本をこの家に持ち込むことは許されそうにありません。本をどうするか、これは今後の課題です。

課題といえば、この家もまだやらねばならないことが色々と残っています。喫緊の課題は、一階のリビングダイニングをフローリングに張り替えること。現状は前のオーナーが使っていたそのままのカーペットが敷かれていますが、これがかなり汚れたり傷んだりしているので、なんとかしなければならないのです。

急ぎではありませんが、一階には薪ストーブの設置、二階は天井を抜いてロフトを作りたいとも考えています。ウッドデッキの拡張もやらなければ……。いつかは東京の家を引き払い、こちらを終の住処とする計画なので、長い目で見ながら心地よい住環境を目指し、手を加えていきたいと考えているのです。

おわりに

皆様、我が家のゆるゆる二拠点生活物語に最後までお付き合いいただき、ありがとうございました。この本に載せた34本の話は、二〇二〇年十一月から二〇二二年九月までの二年弱にわたり、集英社が運営するウェブサイト「よみタイ」に連載したコラムを抜粋、加筆・修正のうえまとめたものです。連載コラムの中では書き漏らしていたこと、また連載終了後に我が家に起こった少々の変化を、この場を借りて書いてみたいと思います。

まず、僕の剣道について。四段を目指しながら四回目の不合格となった二〇二二年二月の顛末は本文でお伝えしましたが、その後どうなったかというと……。合格しました！　その年四月におこなわれた昇段審査会にてなんとか、五回目の挑戦にしてやっと、壁を乗り越えることができました。ありがとうございますありがとうございます。今は五段を目指し、さらに精進中です。

そして我が山の家ですが、二〇二三年一月に、少々のリノベーションをおこないました。おもな内容は、一階各部屋の窓の二重サッシ化。そして薪ストーブの導入です。本書の中で幾度となく、あまりにも寒すぎる山中湖村の冬についてブツクサと綴りましたが、いよいよその対策を実施したのです。

まだワンシーズンしか経験していませんがこれが大成功のようで、昨年までと比べ、冬の快適性が格段にアップしました。ただ、ストーブで使う薪の量が半端ではないので、僕はチェーンソーを駆使した薪活（間伐材などのある場所に行き、自力で薪を調達してくる『薪活動』）をはじめました。薪は庭でひとつひとつ割ったうえ、一～二年かけて完全乾燥させなければならないので、SDGsなウィンターライフを目指し、目下奮闘中です。床のフローリング化やウッドデッキ拡張、書庫づくりなど、まだまだ手を加えたいところが多い山の家。理想の我が家を目指し、ゆっくり、少しずつ進みたいと思っています。

連載コラムでお世話になった集英社の志沢直子さん、露木彩さん、宮崎幸二さん、単行本化の際ご尽力いただいた百年舎の杉岡中さん、米澤伸弥さん、そして何より最後まで読んでいただいた読者の皆様に深く感謝申し上げます。

二〇二三年八月　山中湖村の家にて　我が人生最大のヘビーローテーション チューン、RCサクセション『スローバラード』を聴きながら。

佐藤誠二朗

佐藤誠二朗（さとう・せいじろう）
編集者／ライター、コラムニスト

児童書出版社を経て宝島社へ入社。雑誌「宝島」「smart」の編集に携わる。2000～2009年は「smart」編集長。2010年に独立し、フリーの編集者、ライターとしてファッション、カルチャーから健康、家庭医学に至るまで幅広いジャンルで編集・執筆活動を行う。著書に『ストリート・トラッド～メンズファッションは温故知新』他『オフィシャル・サブカル・ハンドブック』『日本懐かしスニーカー大全』など。

山の家のスローバラード
～東京⇔山中湖　行ったり来たりのデュアルライフ

2023年10月15日　初版第一刷発行

著者　佐藤誠二朗
装丁　ヒヌマデザイン
発行者　杉岡 中
発行所　株式会社 百年舎
東京都品川区西五反田2-13-1-5F
☎ 03-6421-7900
印刷・製本　藤原印刷株式会社

ISBN 978-4-9912039-2-3